ビジュアル版

女性の権利宣言
DÉCLARATION DES DROITS DES FEMMES

シェーヌ出版社 編　遠藤ゆかり 訳

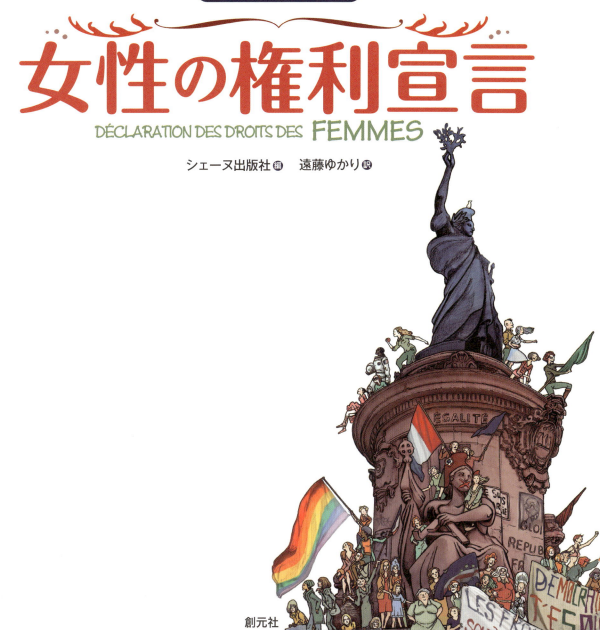

創元社

『世界人権宣言』〔1948年12月10日に国際連合総会で採択された宣言〕は、誰もが知っている。しかし、女性の人権についてはどうだろうか。たびたび話題になるわりには、女性の人権に関する宣言については知られていない。法的・社会的な男女平等を最初に要求したのは、オランプ・ド・グージュである。彼女は1791年に、『女性および女性市民の権利宣言』を書いた。その後、現在にいたるまで、フランスと世界における女性の地位にまつわる問題は解決せず、人びとをおおいに憤慨させ、激しい論争を引きおこしつづけている。

　本書は、この分野における先駆者であるオランプ・ド・グージュの宣言と、1967年11月7日に国際連合が採択した『女性に対する差別の撤廃に関する宣言』を紹介したものである。それぞれの条文に加えて、女性の権利を守る立場を表明した古今の作家や政治家たちの言葉から選りすぐった文章を掲載し、女性の自由と男女平等に関する本質的なテーマにアプローチする。

　女性に対する差別との戦いがいつまでも記憶にとどまるよう、31人の現代アーティストが条文の理解を助けるためのイラストを描いた。

表紙イラスト：リオネル・リシュラン

目 次

国際連合による『女性に対する差別の撤廃に関する宣言』 7

前文 ………… 8

条文 ………… 10

オランプ・ド・グージュによる『女性および女性市民の権利宣言』 53

前文 ………… 54

条文 ………… 56

後文 ………… 124

イラストレーター紹介 ………… 128

文献一覧 ………… 142

―――――

アメリ・ファリエール　セバスチャン・ムラン

セリーヌ・ゴビネ　エリック・ゴスレ

ナタリー・ラゴンデ　ポール・エチェゴエン

ダフネ・オン　カルロス・フェリペ・レオン

サンドリーヌ・アン・ジン・クアン　ステファヌ・カルドス

クリストフ・ロートレット　ジェラルド・ゲルレ

カミーユ・アンドレ　リオネル・リシュラン

リュック・デマルシュリエ　ユーグ・マオア

イルガヌ・ラモン　ルイ・トマ

マエル・グルムラン　マリー・シリ

マイリス・ヴァラッド　ワシム・ブタルブ・J

マルク・リザノ＆キャロル・トレボー　セバスチャン・プロン

ジャッジ　オーレリアン・プレダル

オード・マッソ　クネス

ヤスミーヌ・ガトー　アンヌ＝リーズ・ブータン

国際連合による
『女性に対する差別の撤廃に関する宣言』

前　文

（国際連合による『女性に対する差別の撤廃に関する宣言』）

———

国際連合の諸国民が、国際連合憲章において、
基本的人権、人間の尊厳と価値、
男女の権利の平等に関する信念を
あらためて確認したことを考慮して、

世界人権宣言が差別は容認できないという
原則を示していること、
すべての人間は生まれながらに自由で、
尊厳と権利において平等であること、
そして世界人権宣言に掲げられているすべての権利と自由を、
性による差別をはじめとするどのような差別もなしに、
誰もが主張できると言明していることを考慮して、

あらゆる形の差別を撤廃し、
男女の権利の平等を促進するために
国際連合と専門機関が採択した
決議、宣言、協定、勧告に留意して、

国際連合憲章、世界人権宣言、人権に関する国際条約、
国際連合と専門機関のそのほかの文書にもかかわらず、
権利の平等に関して実現した進展にもかかわらず、
女性が著しい差別の対象となりつづけていることを憂慮して、

女性に対する差別は、
人間の尊厳や、家族と社会の福祉に反し、
男性と平等の条件で
自国の政治的、社会的、経済的、文化的活動に
女性が参加することを妨げ、
その能力のすべてを自国と人類のために役だてる上での
障害となることを考慮して、

社会的、政治的、経済的、文化的活動に対して
女性が大きく貢献していること、
また、家庭における女性の役割、
とくに子どもの教育における女性の役割を認識して、

国の完全な発展、世界の福祉、平和の原因には、
あらゆる分野で女性が男性と同じく最大限参加することが
必要とされていると確信して、

権利と事実における男女の平等の原則を
広く知らしめなければならないことを考慮して、

国際連合総会は、以下の宣言を正式に公布する。

国際連合による『女性に対する差別の撤廃に関する宣言』

第1条

女性に対する差別は、
男女の権利の平等を否定、
あるいは制限しているため、
根本的に不公平で、
人間の尊厳を傷つけている。

イラスト｜**アメリ・ファリエール** *Amélie Falière*

国際連合による『女性に対する差別の撤廃に関する宣言』

「女の子だったという理由だけで、生まれたばかりの子どもがなにも食べさせてもらえなかったり、水に沈められたり、窒息させられたり、背骨を折られることは、人権の侵害です。女性や女の子が奴隷や売春婦として売られることは、人権の侵害です。結婚時の持参金が少ないといわれて、女性がガソリンをかけられて生きながらにして焼かれることは、人権の侵害です。女性が自分の住む地域社会でレイプされたり、何千人もの女性が政治的な判断によって、あるいは戦利品としてレイプの対象とされることは、人権の侵害です。世界中の14歳から44歳までの女性のおもな死亡原因が、家庭内で、自分の親族から暴力を受けた結果によるものであることは、人権の侵害です。少女たちが女性器を切除されることは、人権の侵害です。女性に家族計画を立てる権利がなく、強制的に堕胎させられたり、不妊手術を受けさせられることは、人権の侵害です。この会議で記憶にとどめなければならないメッセージがあるとすれば、それは、人権とは女性の権利でもあるということ、そして、はっきりいって女性の権利は人権であるということです」

———
ヒラリー・クリントン
第4回国連世界女性会議での演説
北京、1995年9月5日

第1条

「男女の平等が一般的に認められず、具体的に実現化されないかぎり、女性が男性と対等にふるまうことは、きわめて難しい」

シモーヌ・ド・ボーヴォワール
『第二の性』 1949年

「性差別は人種差別よりも根が深く、慢性化している」

ブノワット・グルー
『そうなることを願って』 1975年

「われわれ男性は、女性たちの信用を失っていることに気づかず、自分の将来に向かって突き進んでいると思いこんでいる。しかし実際には、男性は不器用そのもので、勘違いしかせず、計算ミスや不手際ばかりで、無鉄砲で思慮に欠け、やることなすことすべてが失敗に終わる。たしかに、女性がすべてではない。しかし、すべてのことが女性をよりどころとしている。自分のまわりを見て、歴史をひもとき、この地上全体に思いをめぐらせてから、答えてほしい。女性と無縁の男性がいるだろうか。願いごとをしたり、祈りを捧げるとき、女性以外を称賛することなどあるだろうか。〔莫大な富を誇ったリュディア王〕クロイソスのように裕福でも、〔旧約聖書で神に試練をあたえられた〕ヨブのように貧しくても、圧政に苦しむ人間でも、専制君主でも、女性に見放されたら、目の前にどれほど地平線が広がっていても、そこにはなにも見いだすことができないはずだ」

ヤスミナ・カドラ
『昼が夜に負うもの』 2008年

国際連合による『女性に対する差別の撤廃に関する宣言』

第2条

女性に対する差別となっている
法律、慣習、規則、慣行を廃止するため、
また、男女の権利の平等にかなった
法的な保護を確保するために、
すべての適切な措置をとらなければならない。
とくに、
（a）権利の平等の原則は、憲法に記載されるか、
なんらかの方法によって法律で
保障されなければならない。
（b）国際連合や女性に対する差別の撤廃に関する
専門機関の国際的文書は、
批准または同意によって認められ、
できるだけ早く、完全に適用されなければならない。

イラスト｜ **セバスチャン・ムラン** *Sébastien Mourrain*

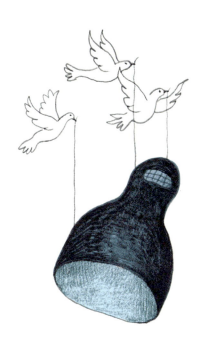

国際連合による『女性に対する差別の撤廃に関する宣言』

「男性と市民たち、われわれは傲慢にも、一度ならずこういった。『18世紀には人権宣言が出た。19世紀には女権宣言が出るだろう』。しかし、市民たちよ。われわれは少しもそれを推し進めることができなかったことを認めなければならない。さまざまなことが配慮され——それらはたしかに重要だったが——、熟慮が重ねられた結果、われわれは行く手をはばまれた。そしていま、進歩がここにまで到達したいま、すぐれた共和主義者たち、その名にふさわしい純粋な民主主義者たち、大勢の卓越した精神をもつ人びとは、男性も女性も人間として平等であると認めることを、つまり、公民権上で男女を完全に一致させないとしても、同一視することを、依然としてためらっている」

ヴィクトル・ユゴー
「ルイーズ・ジュリアンの墓について、サン=ジャン墓地での演説」
ジャージー島、1853年7月26日

「なんということだ！　女性にだって、男性と同じ情熱や同じ欲求があるだろう。女性だって同じ物理法則に従っているし、自分の本能を抑圧したり管理するために必要な知性などもっていないはずだ。女性も男性と同じくらい難しい義務を負い、同じくらい厳しい道徳的・社会的掟に従い、そのような状況のなかで自己を形成するために、男性と同じくらい完全な自由意志、同じくらい明快な理由をもっていないのではないか。ここで問題となるのが、神と男性たちだ。彼らはこの地上で、事実上完全な状態で存在することが不可能なひとつの人種をつくり、それを黙認した点で罪を犯したからである。男性に劣るからといって、女性はあらゆるつながりを断たれ、誠実な愛も正当な母性も認められず、女性の生命や財産の保障に関する法律さえも潰され、女性はいとも簡単に排除される。女性がその目的や精神を高く評価することのできない法律は、それらをつくっている人びとと同様にばかげていて、人間の法律に家畜を従わせようとするくらい尋常ではない」

ジョルジュ・サンド
「マルシーへの6通目の手紙」
「ル・モンド」紙、1837年3月27日

第2条

「男性が独占している誇らしげな優先権に反対し、女性の立場を支持している人の大半は、完全な入れ替えを求めている。つまり、優先権をすべて女性にあけわたすべきだというのである。しかし、両極端を避けたい私としては、女性を男性と同等にするだけでよい。この場合、優劣というのは自然に反することだと思う」

マリー・ド・グルネー
『男女平等』 1622年

「女性の平等が完全に認められれば、この上なく確かな文明の証拠となるだろう。それは、人類の知的な力と幸福の可能性を倍増させるはずだ」

スタンダール
『ローマ、ナポリ、フィレンツェ』
1817年

国際連合による『女性に対する差別の撤廃に関する宣言』

第3条

女性が劣った存在であるという
発想にもとづくすべての慣習、
そのほかあらゆる慣行を廃止し、
偏見をなくそうという動きを
どの国でも起こさせ、
世論を育てるために、
すべての適切な措置を
とらなければならない。

イラスト | セリーヌ・ゴビネ *Céline Gobinet*

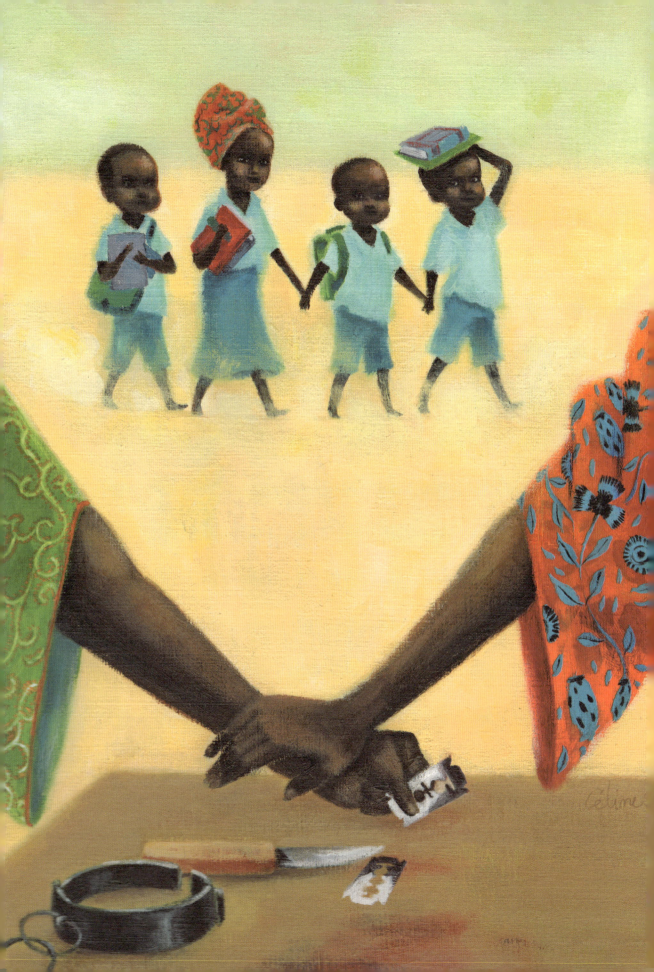

国際連合による『女性に対する差別の撤廃に関する宣言』

「女性たちが敬意をもってあつかわれ、精神的、あるいは肉体的に個人的な空間を、たとえひそやかにでも守ることをつねに考える必要がなく移動したり働くことができない以上、これらの不適切な慣行、冷やかしの言葉、指摘は、禁止すべきである」

ナターシャ・アンリ
『重荷となる男たち、あるいはみだらな父権主義』
2003年

「この場所で女性であるということは、癒えることのない開かれた傷口であるということだ。たとえ傷口がふさがれることがあっても、その内側には膿が溜まりつづけている」

トニ・モリスン『慈悲』 2009年

「（略）ある女性人類学者が（略）、動物界におけるレイプに関する自分の研究について語った。彼女によれば、チンパンジーに似た霊長類のボノボをのぞいて、ほとんどすべての種でレイプの形をとった行為が見られたという。あるときメスのボノボたちは、もうこれ以上、性的な暴力を我慢しないと決めた。そこで、１頭のオスがメスを襲ったとき、このメスは大声を出して身の危険を知らせた。すると、ほかのメスたちはそれまで自分たちがやっていたことをやめて、声が聞こえたほうに走りだし、メスを襲っていたオスをとりかこんで、みなでこのオスをずたずたに切りさいた。（略）なぜ人間の女性は、メスのボノボたちと同じようにふるまうのをやめたのだろうか」

J・コートニー・サリヴァン
『社会に出たばかりの娘たち』 2010年

第 3 条

「投獄が標準的な懲罰として少しずつ定着しはじめた18世紀末以降、有罪を宣告された女性は、有罪を宣告された男性とは本質的に異なる存在とみなされてきた。違法行為で罰せられるべき罪を犯した男性が、社会規範から逸脱した人間と呼ばれていたのは事実である。しかし男性の犯罪行為は、女性の犯罪行為よりも『普通』のものとして認識されつづけていた。一方、違法行為で国家から罰せられた女性は、大勢の男性の犯罪者よりも異常で、社会に脅威をあたえる存在とみなされる傾向にあった。

犯罪を犯したものが男性であるか女性であるかによってこのような認識の違いがあったことを理解しようとするとき、投獄が公的な抑圧の基準となっていたはずなのに、女性は長いあいだこのような公認の懲罰を受けていたわけではないことを思いだす必要がある。たとえば、女性は監獄に入れられるよりも、精神病院に幽閉されるケースがほとんどだった」

アンジェラ・デイヴィス
『監獄は時代遅れか』 2014年

国際連合による『女性に対する差別の撤廃に関する宣言』

第4条

どのような差別もなく、

男性と平等の条件で、

次の権利を女性に確保するために、

すべての適切な措置をとらなければならない。

(a) すべての選挙で投票する権利と、

すべての公選による

機関の選挙に出る権利。

(b) すべての国民投票で投票する権利。

(c) 公職につく権利と、

すべての公務を行う権利。

これらの権利は、

法律によって保証されなければならない。

イラスト | エリック・ゴスレ *Éric Gosselet*

国際連合による『女性に対する差別の撤廃に関する宣言』

「このようなことをいうのは悲しいが、現代の文明社会にも奴隷が存在する。法律では、遠回しに表現されている。私が奴隷と呼んでいるものを、法律では未成年者という。法律でいうこの未成年者は、現実には奴隷で、この奴隷とは女性である。男性は、人間の良心にとってバランスが重要な法律の天秤のふたつの皿に、不平等におもりを置いた。つまり、彼らはすべての権利を自分たちのものにして、すべての義務を女性に押しつけたのである。その結果、深刻な不和が生まれた。ここから、女性が隷属させられるようになった。現に存在するわれわれの法律では、女性はなにも所有できず、出廷できず、投票できない。そもそも女性は数に入らず、存在しないのである。男性の市民はいるが、女性の市民はいない。そのこと自体が、暴力的な状態だといえる。この状態をやめなければならない」

ヴィクトル・ユゴー
レオン・リシェへの手紙　1872年6月8日

「投票権を得ることができれば、つまり男性と同じように、平和か戦争かを自分の手で決めることができるようになれば、女性たちは子どもを産むだろう」

マルグリット・デュラン
『女性の投票に関する講演の覚書』
日付なし［1927年］

「男性たちが敵なのではない。父権制の概念が敵なのだ。世界を支配する手段、あるいは物事を行なう手段としての父権制の概念が問題となっている」

C・キャロライン・デナード
『トニ・モリスン、対話』　2008年

第4条

「ある無知な男は読み書きができず、右と左の区別もつかない。だから、この男が所属する連隊の上司たちは、彼の木靴の片方には麦わらを、もう片方には干し草をつけさせている。そして、『右！ 左！』と号令をかけるかわりに、『麦わら！ 干し草！』といって、動きの指示を出すのである。この無知な男が、有権者なのだ。ある愚かで粗野な男は、見境なしに容赦なく、自分の馬を鞭で打って殺しているが、それが自分の不利益になることを理解していない。彼はなにも考えずに、不正な行いをしたり、相手を苦しめている。この愚かで粗野な男が、有権者なのだ。ある酔っ払いは、日が昇ってから日が暮れるまで、日が暮れてから日が昇るまで酒を飲み、たえずしゃっくりをして、よだれをたらしている男である。1杯目のグラスの底に理性を置きわすれてきたこの男は、すっかり酒に毒されて、足どりもおぼつかず、壁に激突したり、自分の排泄物のなかにうずくまっている。この酔っ払いが、有権者なのだ。また、妻に養ってもらい、娼婦のところで生活している怠惰な男、乱痴気騒ぎで完全にへたばっている男、どう見ても気が違っているのに自分では認めようとしない頭のおかしい男も、有権者なのだ。ようするに、愚かなものたちが有権者で、世界の支配者なのである。しかし、このような男たちより劣っているとされている女性には、納税者としての役割しかなく、義務しかない。犠牲を払っているのに、たったひとつの権利しかない。その権利とは、黙る権利である」

セヴリーヌ
「ベル・アッベスの進歩」紙でレオン・オメランが引用した言葉　1910年5月25日

国際連合による『女性に対する差別の撤廃に関する宣言』

第5条

国籍の取得、変更、保持に関して、
女性は男性と同じ権利を
もたなければならない。
外国人と結婚しても、
自動的に妻が無国籍になったり、
夫の国籍が妻に強制されることが
あってはならない。

イラスト｜ナタリー・ラゴンデ *Nathalie Ragondet*

国際連合による『女性に対する差別の撤廃に関する宣言』

「このような結婚の考え方は、なんと不名誉なことか。妻が夫の所有物だとは。妻は、自分の本当の名前を名乗る権利まで奪われる。そして、夫の所有物であるというしるしを、額に焼きごてで刻まれなければならないのだ。これではまるで、家畜ではないか」

アルベール・コーエン
『選ばれた女』 1968年

「妻は夫の奴隷ではない。喜びと苦しみをともにすることを定められている伴侶であり、協力者なのだ。そして夫と同じく、妻も自分自身の道を選ぶ自由を保ちつづけている」

マハトマ・ガンディー
『人はみな兄弟である』 1942～56年

「男性は、自分の伴侶をののしる唯一の動物である」

ルドヴィコ・アリオスト
『狂えるオルランド』 1516年

「まず最初に、弱い性を強い性の下に置いている現在の制度に好意的な人びとは、理論だけをもとにして意見をのべている。われわれはいままで、ほかの制度を試したことがない。実際に体験しなければ、その是非を論じることはできないだろう。しかも、実体験は概して理論とは逆の結果をもたらすものである。次に、このように不平等な制度が採用されたのは、熟考を重ねたことによるものでもなく、自由な発想にもとづくものでもなく、人類の幸福を確保するため、あるいは社会の秩序を保つための社会理論やなんらかの認識をよりどころとしたものでもない。この制度は、人間社会のはじまりから存在した女性の隷属状態に由来する。男性は女性を所有することに価値を見い

だし、男性よりも肉体的に力がなかった女性はそれに逆らうことができなかった。法律や社会制度というものは、つねに、もともとあった人間関係を正式に承認するところから生まれる。はじめは乱暴な行為でしかなかったものが法律上の権利となり、社会で保障され、秩序がなくとどまるところを知らない肉体的な力の競争にとってかわった社会的な力に支えられ、守られるようになる。

　つまり、最初は力によって無理やり従わされていた人びとが、のちに、法律の名のもとで強制されるようになるということである」

ジョン・スチュアート・ミル
『女性の服従』　1869年

国際連合による『女性に対する差別の撤廃に関する宣言』

第6条

1. 社会全体の基礎をなす核としての家族の一致と協調を守るために、
すべての適切な措置をとらなければならない。
とくに、民事に関して男性と同じ権利を、
結婚しているかどうかにかかわらず、
女性に確保するため、法的な措置をとる必要がある。
(a) 財産を取得し、管理し、使用し、自由に処分し、相続する権利。
この財産には、結婚期間中に取得したものも含む。
(b) 法的能力と、その能力を行使すること。
(c) 個人の移動に関する法律において、男性と同じ権利をもつこと。

2. 夫と妻の身分が平等であるという原則を確立するために、
すべての適切な措置をとらなければならない。とくに、
(a) 女性は男性と同じく、自由に配偶者を選び、
自由で完全な同意にもとづく結婚の契約を結ぶ権利をもつ。
(b) 結婚の期間中と結婚の解消時に、女性は男性と同じ権利をもつ。
どのような場合でも、
子どもの利益がもっとも尊重されなければならない。
(c) 子どもに関して、両親は同じ権利と義務をもつ。
どのような場合でも、
子どもの利益がもっとも尊重されなければならない。

3. 児童婚と未成年の少女の婚約は禁止する。
結婚最低年齢を定め、公の登録簿に結婚の登録を義務づけるために、
立法を含む有効な措置をとらなければならない。

イラスト | ポール・エチェゴエン *Paul Echegoyen*

「文明化されたヨーロッパでは、奴隷の身分は廃止されたといわれている。たしかに、公衆の面前で奴隷が売り買いされることはない。しかし、もっとも進んだ国々でも、合法的な抑圧に苦しむ社会階層に属する人びとは大勢いる。ロシアの農民たち、ローマのユダヤ人たち、イギリスの水夫たち、そして、あちらこちらの女性たちがそうである。あちらこちらで、結婚の成立に必要な相互の同意を解消して離婚することが難しく、そのために女性は奴隷状態になっている。夫婦のどちらか一方から意思が示されれば離婚できるようになることだけが、女性を完全に解放し、少なくとも民法上で女性を男性と同じレベルに置くことになる」

フロラ・トリスタン
『ある女パリアの遍歴』 1833〜34年

「あれこれと勇ましく申しあげていますが、ようするに、結婚したあとに離婚することを認めてほしいということなのです。残酷なほどの不公平、終わりのない苦痛、結婚を揺るがすほどのどうにもできない情熱を救済する手段を探りましたが、無駄でした。結局は、離婚して別の人と再婚する自由を得ることでしか、解決しないのです。もっとも、軽々しくそうすべきだとは思いませんし、現在認められている法的な別居の条件を満たさない場合も同様だと考えます。

私は残りの人生を、再婚するよりは独房のなかで過ごすつもりです。しかし、結婚とは別のところで、いつまでも変わらぬ、抑えがたい愛情があることを知っています。その愛情は、それに強いブレーキをかける古い民法や宗教的な掟のなかでは見ることができません。今後、人間の知性が高まって、洗練されるにしたがい、そのような愛情の力は強まり、より意味のあるものになることでしょう」

ジョルジュ・サンド
ノム宗神父への手紙、ノアン 1837年2月28日

「夫婦を基本とする現代の家庭は、目に見える形であってもそうでなくても、女性が家庭の奴隷となっている状態に基礎を置いている。現代社会は、もっぱらそのような家庭が分子のように集まってできたものである。現代ではほとんどの場合、少なくとも有産階級では、男性が家庭の大黒柱となり、家族を養わなければならない。そのため男性には、どのような法的特権も必要としない至上権があたえられている。家庭において男性はブルジョワジーで、女性はプロレタリアートの役割をはたしているのである。しかし産業界では、資本家階級のすべての法的特権が廃止され、ふたつの階級のあいだに完全な法的平等が確立されれば、プロレタリアートにのしかかっている経済的抑圧に特有の性質は、まちがいなく姿を消す。一方、民主共和制の社会では、ふたつの階級の敵対関係はなくならない。資本家階級が場所を提供し、そこで両者の戦いがはじまるからである。同様に、男女が完全に平等な法的権利をもつようになったときにはじめて、現代の家庭で男性が女性の優位に立っている特殊な性質と、男女間の文字どおりの社会的平等が確立される必要性、およびそのための方法が、白日のもとにさらされる。女性が解放されれば、彼女たちはみな、生きるために公的な産業に復帰し、その結果、社会の経済単位としての夫婦を基本とする家庭は求められなくなるだろう」

カール・マルクスの覚書をもとにフリードリヒ・エンゲルスが書いた本
『家族・私有財産・国家の起源』 1884年

国際連合による『女性に対する差別の撤廃に関する宣言』

第7条

女性に対する差別となっている
すべての刑罰規定は、
廃止される。

イラスト | ダフネ・オン Daphné Hong

「女性たちは、いったいなにを求めているのか。それは、ごくあたりまえのものだ。女性たちは、社会がはじまったときから、抑圧されてきた人や服従を強いられてきた人なら誰もが望んできたすべてのものを求めている。それは、権利と自由の正当な取り分である。（略）指導者たちの寛大さのなかにどんな保証も見いだせなかった民衆は、自分たちの権利を要求した。それと同じものを、女性たちは求めている。

女性たちが動きはじめたのは、遅すぎるくらいだ。社会的に不利な立場がこれほど長い年月つづいているのに、どうしてこの状態をこれ以上引きのばす必要があるのか。どのようなことも、すぐには進まない。その言葉が、すべてをあらわしている。事実、民衆は自由を手に入れるため、6000年以上ものあいだ抵抗し、戦い、異議をとなえてきたが、依然としてやるべきことは山のように残っているのである。伝統が揺さぶられ、内省が起き、伝統の正しい価値について自問するようになったときはじめて、民衆は君主たちの絶対的な力の正当性を疑うようになった。民衆は、このいわゆる神の代理人たち

を横目でにらむようになり、自分たちが彼らに服従したり隷属するために生まれてきたと信じることをやめた。つまり、民衆に起きたこのような出来事が、いま、女性に起きている。

伝統を疑うようになった女性たちは、束縛に対して反抗しはじめた。そのときまで、信仰をもっていた女性たちは、自分が犯した記憶のないあやまちの罰を受けいれてきた。女性たちは、自分のせいではないことを自分のせいだと思ってきた。神の栄光につつまれる日をむかえるため、女性たちは服従と屈辱に耐えてきたのである。

いま、女性たちは、許可なくリンゴをかじるだけでは満足していない。より高尚なもの、学問を望んでいる。それは、いままでひどい目にあってきたことの埋めあわせとして当然手に入れることができるもので、自分自身のためだけではなく、このあと何世紀もつづく子孫たちのためでもあるのだ。

これが、思想の歩みである」

マリア・ドレーム（1828〜94年）
「女性たちが求めていること」、「女性の権利」No.1
1869年4月10日

第7条

「われわれは、人類の半分を構成する女性たちを解放しなければならない。そうすれば、彼女たちは、人類のもう半分の人びとを解放する手助けをしてくれるだろう」

エメリン・パンクハースト
「人間開発報告書」、国連開発計画（UNDP）
2013年

「人権宣言が出されてから2世紀もたつのに、この宣言が人類のすべてに適用されるよう、いまだに戦わなければならない状態である」

ブノワット・グルー
『そうなることを願って』　1975年

「こんにち、われわれは再度冷静さをとりもどし、フェミニズムに文字どおりの根拠と、普遍的な使命をあたえなおすべきである。われわれはつねに、それがどのような人物であろうと、また国籍や肌の色にかかわらず、すべての女性の権利のために戦う左派の女性たちで、法律は信教の自由を保障し、個々の共同体の規則や掟が父権制に全権をあたえないようにするために存在しなければならないと考えている」

アルジェリアとイランの非宗教的フェミニスト・グループ
『われらの友人であるフェミニストたちへの公開状』
2009年

国際連合による『女性に対する差別の撤廃に関する宣言』

第**8**条

あらゆる形の女性の売買と、
女性の売春からの搾取を禁止するために、
立法を含む、
すべての適切な措置を
とらなければならない。

イラスト | **カルロス・フェリペ・レオン** *Carlos Felipe León*

国際連合による『女性に対する差別の撤廃に関する宣言』

「資本家の相続者たちの温床であるブルジョワジーの家庭を維持するため、女性の体の売買は積極的に行われている。しかし『表向きのモラル』では、厳しく禁止され、激しく非難されているのである。そして、彼らにいわせれば『気高く純潔なモラル』の威厳を保つため、ブルジョワジーの社会は彼らの見かけだけの美徳を侮辱しているという理由で売春婦たちを非難し、すでにつらい目にあっているこれらの気の毒な『不品行な巫女たち』の生活を、あらゆる手段で破壊しようと躍起になっている」

アレクサンドラ・コロンタイ
「売春問題」、「社会主義闘争」誌　1909年

「市場ならばいくらでもある。通りで、歩道沿いのショーウインドーで、庶民の美しい少女たちが売られている。一方、裕福な家の娘たちは、持参金と引きかえに売られていく。前者の場合、ほしい男がその女性を手に入れる。後者の場合、望まれた男にその女性があたえられる。

　どちらも、売春行為であることに変わりはない」

ルイーズ・ミシェル
『本人が記したルイーズ・ミシェル回想録』　1886年

第 8 条

「われわれのエゴイズムを考慮したとしても、女性が苦しんでいる状態で男性が幸せになることは難しいと認めざるをえないだろう」

ヴィクトル・ユゴー
レオン・リシェへの手紙　1872年6月8日

「彼らにとって、姦通（かんつう）は殺人よりも悪いことである。しかし、姦通のすべてがそうなのではない。男性が犯した姦通は、罰せられることさえないのだ。一方、女性が犯した姦通は、この世の終わりを意味している」

ジェミラ・ベンハビブ
『西ヨーロッパを襲撃するアッラーの兵士たち』
2011年

「男性は自分の妻と女性のあいだにはっきりと線を引き、両者の区別に強くこだわっている。彼らは、自分の妻には義務、母性、純粋さ、頭痛を、女性には快楽、ふしだらさ、地獄、神秘を見ているのである」

フランソワーズ・ジルー
『もし私がうそをついたら』　1972年

第9条

あらゆるレベルの教育に関して、
男性と同じ権利を、結婚しているかどうかにかかわらず、
少女と女性に確保するため、
すべての適切な措置をとらなければならない。
とくに、
（a）大学と専門教育や技術教育を行う施設を含む
あらゆる種類の教育施設に、入学し、学ぶにあたって、
平等の条件が示されること。
（b）その施設が男女共学であるかどうかにかかわらず、
科目と試験に同じ選択肢があり、
同じ水準の資格をもった教員から学び、
同じ質の教室と設備を利用できること。
（c）奨学金や、そのほか教育を受けるために
必要な補助金を獲得できる機会が同じようにあること。
（d）成人向けの識字教育を含む、
継続教育プログラムに参加できる機会が
同じようにあること。
（e）家族の健康と福祉を確保するために役だつ
教育的情報を入手できること。

イラスト｜サンドリーヌ・アン・ジン・クアン Sandrine Hun Jin Kuang

国際連合による『女性に対する差別の撤廃に関する宣言』

「男女とも、同じ教育を受けなければ
ならない。（略）すべての教育は真理
を提示し、それらの真理の証明をして
いる。だから、男女のうちどちらかだ
けが、それらの真理や真理の証明方法
を学べばよいというのは、おかしな話
である」

ニコラ・ド・コンドルセ
『公教育に関する５つの報告書』 1791年

「性的な魅力と知性を兼ねそなえてい
る完璧な女性がいることを認めるのは、
たしかに難しいことだ」

エリカ・ジョング
「ソフィー・ランヌとの対談」 1978年７〜８月

「平等の権利と男女共学だけでは、女
子と男子に向けられる視線の違いも、
男女で異なる教育課程も、学校での性
差別による暴力も、なくすことはでき
なかった」

ヴァンサン・ペイヨン＆ナジャット・ヴァロー＝ベル
カセム
「学校で、女子と男子がより平等になるために」、「ル・
モンド」紙 2012年９月25日

「われわれは女性のために、完全な自
由と完全な教育を求めている」

ジャンヌ・ロワゾ、通称ダニエル・ルシュー
「女性の進歩、その経済的成果」 1900年

「この深い沈黙のなかには、女性たちだけがいるわけではない。その沈黙は、多くの人生が忘却に飲みこまれ、人間性が丸ごと失われた大陸全体をおおっている。しかしその沈黙は、男女の不平等、つまり、さまざまな社会の過去の部分を構成する『差異のもとになっている原子価』（フランソワーズ・エリチエ）が理由で、女性たちにより重くのしかかっているのである。これが大前提で、ここに次の前提が加わっていく。女性の足跡が残されていないため、時代によってかなりの差はあるが、それぞれの時代の女性がどのように生きていたかを理解することはきわめて難しい。というのも、女性が表舞台にあらわれることは男性よりも少ないため、観察や物語の対象になりにくく、女性について語られたものがほとんどないからである。また語り手が、女性の存在を気にかけない男性であるのも、大きく影響している。そのような語り手は、男性は万能だと考えているのに対して、女性はステレオタイプ化したり、ただたんに『女性』とひとくくりにしているためである。具体的で詳細な情報がないこととは対照的に、事実をもとにしていなかったり、イメージによってできた女性の話は山のようにある。女性は描写されたり語られるよりも、想像されたりつくり話をされている。だからなによりもまず、女性たちをつつみ隠しているこれらのイメージの塊を粉砕し、それらを分析しなければならない。たとえ彼女たち自身がなにを見て、どう生きていたかを知ることができないとしても、そうする必要がある」

———
ミシェル・ペロー
『女性たち、あるいは歴史の沈黙』　1998年

国際連合による『女性に対する差別の撤廃に関する宣言』

第10条

1. 経済的活動と社会的活動の分野で、男性と同じ権利を、
結婚しているかどうかにかかわらず、女性に確保するため、
すべての適切な措置をとらなければならない。
とくに、
（a）既婚者であること、そのほかあらゆる理由による差別をすることなく、
職業教育を受ける権利、労働する権利、
職業を自由に選択する権利、昇進する権利。
（b）同じ価値の労働について、男性と同じ報酬と、
同じ待遇を受ける権利。
（c）有給休暇、退職手当、失業、傷病、老齢、
そのほか就労不能の場合の社会保障を得る権利。
（d）男性と同じ条件で、家族手当を受ける権利。
2. 結婚あるいは出産を理由とする女性に対する差別を撤廃し、
実効的な労働の権利を確保するための措置をとらなければならない。
結婚あるいは出産を理由として解雇することは禁止され、
報酬と以前の仕事に復帰することを保障した出産休暇と、
育児に関するものを含む、必要な社会的サービスが提供される。
3. 特定の種類の労働において、
固有の身体的性質を理由に女性を保護するための措置は、
差別とみなしてはならない。

イラスト | ステファヌ・カルドス *Stéphane Kardos*

国際連合による『女性に対する差別の撤廃に関する宣言』

「女性がやる場合、2倍の成果を出さないと、男性と同じように認めてもらえない。しかしラッキーにも、それはたやすいことだ」

——
シャーロット・ウィットン
「カナダ・マンス」誌にて　1963年6月

「女性は仕事をすることで、男性とのあいだにある距離を縮めた。仕事だけが、女性に具体的な自由を保障してくれる」

——
シモーヌ・ド・ボーヴォワール
『第二の性』　1949年

「女性は、男性と同じことがなんでもできる。壁に向かって立ち小便することは、無理だけれども」

——
コレット（1873〜1954年）

第10条

「私たちは、あのもっとも高くてもっとも硬いガラスの天井を打ち砕くことができませんでした。しかし、みなさんのおかげで、1800万ものひびを入れることができたのです。これまでとは違い、そこからは光がさしこんでいます。次回はもっと簡単に道が開けるでしょう。そのような希望と確信で満たされています」

―――
ヒラリー・クリントン
国立建築博物館での演説　ワシントン
2008年6月7日

「重要なポストに無能な女性が選ばれたとき、本当の意味で女性は男性と平等になるだろう」

―――
フランソワーズ・ジルー（1916〜2003年）

国際連合による『女性に対する差別の撤廃に関する宣言』

第11条

1. 国際連合憲章と世界人権宣言の原則に従い、
すべての国家で、
男女の権利の平等の原則が
適用されなければならない。
2. したがって、政府、非政府組織、個人は、
この宣言に含まれる原則を
広く適用させるために、
できるかぎりのことをしなければならない。

イラスト | クリストフ・ロートレット *Christophe Lautrette*

オランプ・ド・グージュによる
『女性および女性市民の権利宣言』

前 文

（1791年10月28日に立法議会に提出されたが、国民公会で却下され、
小冊子「女性の諸権利」で王妃あてに発表されたもの）

———

母親たち、娘たち、姉妹たち、国民の女性代表者たちは、
国民議会の一員になることを要求する。
そして、女性の諸権利に対する無知、忘却、あるいは軽視が、
民衆の不幸と政府の腐敗のただひとつの原因であることを考慮して、
女性がもっている奪うことのできない神聖な当然の権利を、
厳粛な宣言によって示すことを決意した。
この宣言が、社会を構成するすべての人にたえず示され、
彼らの権利と義務をつねに思いおこさせるように。
女性の権力行為と男性の権力行為が、
その都度、政治制度全体の目的と照らしあわされることで、
それらがよりいっそう尊重されるように。
女性市民の要求が、以後、
単純で議論の余地がない原則にもとづくことで、
憲法と良俗の維持や、すべての人の幸福につながるように。
したがって、母性に苦しみながらも、美しさと勇気に秀でた女性が、
最高存在の前で、その庇護のもと、
以下の女性および女性市民の諸権利を承認し、宣言する。

イラスト｜ジェラルド・ゲルレ Gérald Guerlais

オランプ・ド・グージュによる『女性および女性市民の権利宣言』

第1条

女性は自由なものとして生まれ、
権利において
男性と平等なものとして存在する。
社会的差別は、
共同の利益にもとづかないかぎり
行われない。

イラスト | カミーユ・アンドレ Camille André

「震えるがいい、ズボンをはいた暴君
たちよ！
女性たちよ、私たちの時代が来た
容赦なく指摘しよう
ひげを生やした男たちの、あらゆるま
ちがいを！
ひげを生やした男たちの、あらゆるま
ちがいを！
あまりにも長くつづきすぎた
私たちは、もう我慢できない
立ちあがれ、ヴェズヴィエンヌ〔急進
的なフェミニスト〕たち、立ちあがれ
そして、昔からの屈辱を晴らすのだ

（くりかえし）
自由よ、私たちの顔に
その熱い光を注いでおくれ
震えるがいい、震えるがいい、嫉妬深
い夫たち
ペチコートを敬いなさい！
震えるがいい、震えるがいい、嫉妬深
い夫たち
ペチコートを敬いなさい！

男という、この卑劣な暴君は
自分の権利を主張することに終始した
私たちの権利をつくろう
私たちの法律をもとう！

私たちの法律をもとう！
男は1793年に
自分のことしか気にかけなかったから
いまこそ私たちのために行動しよう
私たちの『ラ・マルセイエーズ』〔フ
ランス国歌〕をつくるのだ」

———
ルイーズ・ド・ショーモン
「ペチコートのラ・マルセイエーズ」、「女性たちの共
和国、ペチコートの新聞」No.1に掲載された歌
1848年6月

「結局私は、フェミニズムの定義をす
ることができなかった。私にわかって
いるのは、おべっかを使わないとフェ
ミニスト呼ばわりされることだけであ
る」

———
レベッカ・ウェスト（1892～1983年）

第1条

「社会的に男性と平等の身分になることができるという希望を女性たちがいだくようになってから、ずいぶん長い年月がたちました。オランプ・ド・グージュが女性たちを代表して陳情書を三部会に提出したのは、1789年のことです。それに対する返答は、女性が置かれている状況を検討する必要はない、このあと社会は根底から変化するのだから女性は男性から解放されるだろう、というものでした。そして、革命が起きました。しかし人権宣言は出されたものの、女性はあいかわらず奴隷のままだったのです。革命時に活躍した女性たちは、自分たちも自由を勝ちとったのだと、無邪気に信じていました。ところが実際にはつまはじきにされたため、自由を求めたのですが、笑いものにされ、踏みにじられ、侮辱されてしまいます。その後、パリ・コミューン〔革命自治政府〕の議会へ行き、自分たちの権利を要求したときも、指導者のひとりであるショーメットから追いはらわれました。憤慨した女性たちは自分たちのクラブをつくり、そこで、女性独自の権利や、すべての人に共通する利益について議論しはじめたのです。それに対して国民公会は、このご立派な革命議会は、そのクラブを閉鎖させて、政治に関することで女性たちが集まることを禁じました。独裁的な革命家たちは、このような不平等をあからさまに示していたのですが、世界のはてまで行きわたったのは、平等と自由という言葉でした。（略）この演壇の上から、私はフランスの女性たちにいいたいのです。いま私たちの平等を否定している人びとは、将来も否定するでしょう。だから、私たち自身でなんとかしなければなりません。あきらめずに、権利を要求しつづけるのです。何世紀も前から、私たちはあまりにもひどい不誠実の犠牲者だったので、自分たちの利益を顧みず、全体の幸福のために働かなければならないと信じこまされてきました。これからは、自分たちの利益と幸福を手に入れるべきです。（拍手喝采）」

ユベルティーヌ・オークレール
第3回社会主義労働者会議での演説、マルセイユ
1879年10月22日

オランプ・ド・グージュによる『女性および女性市民の権利宣言』

第2条

すべての政治的結合は、
女性と男性がもっている
奪うことのできない
当然の諸権利を保つことを
目的としている。
これらの諸権利とは、
自由、所有、安全、
そしてとくに圧制への
抵抗である。

イラスト | リオネル・リシュラン *Lionel Richerand*

「女性に対する暴力は、どの階層でも、どの地域でも、どの世代でも起きている。そのため、いたるところで不平等と支配が永遠につづくことになる」

———
マリソル・トゥーレーヌ、プレスリリース
女性に対する暴力撤廃の国際デー
2015年11月25日

「ジョン・レノンとともに、宗教のない世界を想像してほしい。（略）自爆テロ、2001年9月11日に起きたアメリカ同時多発テロ事件、十字軍、魔女狩り、火薬陰謀事件〔イングランド国王ジェームズ1世暗殺未遂事件〕、インド・パキスタン分離独立、中東戦争、セルビアとクロアチアでのイスラム教徒虐殺、ユダヤ人迫害、北アイルランドでの『厄介事』〔紛争問題〕、『名誉殺人』〔家族の名誉を守るために、婚前交渉をした女性などを殺害すること〕、髪を美しくセットして人目を引く服装をしたテレビ伝道師が存在しない世界を想像してほしい。古い仏像を爆破するタリバンのいない、冒涜者を公開斬首刑に処することのない、ほんの少し肌を見せたというだけで女性が鞭で打たれることのない世界を想像してほしい」

———
リチャード・ドーキンス
『神は妄想である』 2006年

第 2 条

「 3 つの一神教は——3 つともそう
である——、女性、欲望、衝動、情熱、
快楽、自由、すべての自由を根本的に
嫌っている。学校で宗教的なことを教
えるのが適切かどうかの議論はやめて、
いますぐ無神論にもとづく教育をする
べきだ」

ミシェル・オンフレ『無神学論』 2005年

「女性を蔑視している人びとは、男女
の違いを強調する神をたえず自分たち
の味方につけている」

ブノワット・グルー
『フェミニズムの歴史』 1977年

「人びとが本当に自由な国では、女性
が自由で崇拝されている」

ルイ・アントワーヌ・ド・サン=ジュスト
『革命とフランス憲法の精神』、第3部、第12章、
「女性たち」 1791年

オランプ・ド・グージュによる『女性および女性市民の権利宣言』

第3条

すべての主権の根源は、
本質的に国民にある。
国民とは、
女性と男性が合わさったものにほかならない。
どのような団体も、どのような個人も、
あきらかに国民に由来しない権威を
行使することはできない。

イラスト｜**リュック・デマルシュリエ** *Luc Desmarchelier*

「移動の自由の概念は、非常に重要である。19世紀の大都市は、性別による差異がはっきりしていた空間で、女性の多くは好きなように行き来することができなかった。自由に移動できたのは、売春婦だけだったのである。男性専用の場所に入ったり、見られる側から見る側になるとき、女性は覆面で顔を隠す必要があった。フランスの作家ジョルジュ・サンドは、町をそぞろ歩きできるのは男性だけという規則を破った女性のひとりである。散策して、世の中を隅々まで見るためには、たくさん、そして長時間歩かなければならなかった。女性のファッション全体が、そのことを妨げていた。ドレス、帽子、靴のどれもが、女性を身動きできなくさせるものだったのである」

クリスティーヌ・バール
『ズボンの政治史』 2010年

「図書館にある賢者たちのぶ厚い本のなかでは、誰が語っているか。カンピドリオ〔古代からつづくローマの政治・宗教の中心地〕では、誰が語っているか。神殿では、誰が語っているか。演壇では誰が語り、法律のなかでは誰が語っているか。発言権をもっているのは、男性である。世界は、男性の言葉でできている。男性の言葉は、わざわざ戦争を起こすためのもののように思われる。どの言葉も同じことをいっているのを、ごまかしている。われらが男性の言葉が、判断をくだす。世界は、男性の言葉でできている。男性は、世界の言葉なのだ」

アニー・ルクレール
『女性の言葉』 1974年

「先週、ショワジー＝ル＝ロワ〔パリ近郊の町〕での政治討論会にはじめて参加しました。1日目の夜は、少しとりみだしてしまったため、たいしたことがいえませんでした。一緒にいた男性がほとんど話をしました。2日目の夜は、なんとか言葉が出てきました。3日目の夜は、うまくいきました。誰かが質問をしてきて、それに答えようとしたとき、一緒にいた男性が私の言葉をさえぎったのです。すると、部屋にいた女性たちが、こういいました。『ちょっと、なんであなたが出てくるの。彼女に話をさせてよ。女性の考えを聞きたいんだから』。それで、男性は黙りました。

　女性たちが私の言葉を待っているのを知って、自分の考えをしっかり話さなければならないことがわかり、私は思いのままに遠慮なく話をすることができました」

リップ時計工場の女工、ブザンソン
「女性のリップ」、「レ・ペトロルーズ」No.0　1974年

「つまり、女性であることから解放されなければならない。私たちは女性に生まれたのではなく、男性の世界で女性として育てられ、男性の視線のもと、男性の判断基準をもとに人生の節目節目を経験してきた。これ以上、彼らのいうことを聞く必要はない。彼らではなく、私たちの名前で、私たちの利益のために、私たちは解放されてよいのである」

ブノワット・グルー
『そうなることを願って』　1975年

オランプ・ド・グージュによる『女性および女性市民の権利宣言』

第4条

自由と正義とは、
他人に属するすべてのものを
返還することである。
そのため、
女性がもっている当然の権利を
行使するにあたって
限界となるものは、
男性が女性に対してくりかえし示す
横暴さだけである。
これらの限界は、
自然と理性の法則によって
改められなければならない。

イラスト｜ユーク・マオア Hugues Mahoas

オランプ・ド・グージュによる『女性および女性市民の権利宣言』

「ロクサーヌからユスベクへ、パリあて

はい、私はあなたを裏切りました。あなたの宦官たちを誘惑し、あなたの嫉妬をもてあそびました。あなたのおぞましいハレムを、歓喜と快楽の場所にしました。

私は死にます。毒がまもなく血管のなかを流れるでしょう。私の命をつなぎとめていた唯一の男性がもういないのですから、どうしてここにいる必要があるでしょうか。私は死にます。でも、私の魂は大勢の人と一緒に飛び去ります。世界で一番美しい人の血をまき散らした無礼な番人たちを、私の前に送りだしたところです。

どうしてあなたは、私があなたの気まぐれをありがたがるためだけに生まれてきたなどということを簡単に信じるとお考えになったのでしょうか。ご自分はなんでも好き勝手をなさっているのに、どうして私の望みはすべて打ち砕く権利をもっているなどとお考えになったのでしょうか。

いいえ。私は奴隷として生きていたかもしれませんが、どんなときでも自由だったのです。私はあなたの掟を自然の掟につくりかえて、私の心はつねに独立を保っていました。

私が払った犠牲についても、感謝していただかなければなりません。それは、あなたに貞節であるように見えるほどへり

くだったこと、すべてをあきらかにしなければならなかったのに卑怯にも心のなかに隠したこと、そして、あなたの気まぐれに従うことを美徳といわれることに苦しみつつその美徳を踏みにじったことです。

私が恋に夢中にならないので、あなたは驚いていらっしゃいましたね。私のことをもっとおわかりでしたら、私がいだいていた激しい憎しみをお感じになったでしょうに。

でも、あなたは長いあいだ、私のような人間の心が従順であると信じる幸運に恵まれていらっしゃいました。私たちは、ふたりとも幸せでした。あなたは私をだましてやったとお思いでしょうが、私のほうがあなたをだましていたのです。

私がこんなふうに話すのを、おそらくあなたははじめてお聞きになったことでしょう。あなたを苦しみで打ちのめしたのですから、私の勇気をたたえてくださいなどとお願いするつもりはありません。もう、おしまいです。毒がまわってきました。力が入りません。筆が落ちそうです。恨みもなにも薄れてきました。私は死にます。

イスファハンのハレムより、

1720年第1ラビーウ月〔3月〕8日〕

モンテスキュー
『ペルシア人の手紙』、第160信　1721年

70

「ヨーロッパではあまりにも女性がおとしめられているため、女性のものであるべき当然の権利を要求しようという考えさえ出てこない。もし、法律で自由な愛の行使が女性に認められていれば、不公平な嘲笑の的となっている愛情に関する欺瞞は減り、なんの支障もなく思いのままに離婚を選ぶことができるだろう。

女性が隷属状態にあることは、男性にとって少しも有利にはならない。鎖を手にすることを余儀なくされた男性は、その鎖が恐ろしいものであることに気づいたときにだまされたことを知る。大勢の男性が、このようなわずらわしい鎖によって女性を束縛したという罰を受けている。

一般的にいって、女性の自由度が高まるにつれて社会は発展し、女性の自由が減少すればするほど社会の秩序は乱れていく。女性の特権が拡大すること、それが社会におけるすべての進歩の根源となっている」

シャルル・フーリエ
『愛の自由に向かって』 1817〜19年

「植民地化が行われなかったかのような態度をとることはできないし、人種差別がなかったかのようにふるまうこともできない。同じように、性による差別をもとにした基準が横たわっていることを見て見ぬふりはできない。社会が機能するためには、さまざまな基準が必要である。しかし、より適した基準を探すことができるはずである」

ジュディス・バトラー
『ジェンダー・トラブル、フェミニズムとアイデンティティの攪乱』 1990年

オランプ・ド・グージュによる『女性および女性市民の権利宣言』

第5条

自然と理性の法則は、
社会に有害なあらゆる行為を禁止する。
これらの賢明で崇高な法則によって
禁じられていないすべてのことは
妨げられない。
また、誰であっても
それらが命じていないことを
行うようには強制されない。

イラスト｜イルガメ・ラモン *Yrgane Ramon*

「女性が支配されているのは、女性という性だからでもなく、体の構造が違うからでもなく、生まれつき男性とは考え方や行動様式が異なるからでもなく、体力がなかったり能力がないからでもなく、出産する能力、男性を産むことができるという特権をもっているからである。避妊は、女性が自由を奪われていたまさにその部分で、女性を解放する。さらに、きわめて注目に値するのが、どの社会の女性にとっても避妊がこの上なく重要なものだということである。先ごろ、社会学者たちによって、今世紀最大の出来事はなにか、という世論調査が行われた。男性のほとんどは、宇宙を征服したことと答えている。一方、女性は避妊の権利を得たことを1位にあげた人が、90パーセントをしめた。

実際、女性が避妊の権利を得たことは、人類史上初の画期的な出来事である。たしかに、時代の流れとともに、女性の地位は変化した。しかし、それらはあくまでも、伝統的につづいてきた男性が支配する社会という枠組みのなかでの変化だった。つまり、女性は家庭を意味し、生命の管理だけに没頭しなければならなかった。この基本的な土台となる部分を根本的に変えるためには、女性が自立した人間としての法的な地位を手に入れる必要がある。そのため、避妊の権利は女性を解放するための強力な武器になると、私は考えている」

フランソワーズ・エリチエ
『男性的なもの／女性的なものⅡ、序列を解体する』
2008年

「女性は100年前から、妊娠したらそのときに人生が終わることを知っていた」

レイチェル・カスク
『アーリントン・パーク』 2006年

「自然主義の力に立ちもどり、母性本能という使い古された概念に敬意を表して、女性のマゾヒズムと犠牲的行為をたたえることは、女性の解放と男女の平等にとってこれ以上ないほど危険である」

エリザベート・バダンテール
『葛藤、女性と母』 2010年

「夫婦の関係と同様に、両親と子どもの関係も、まったく形にとらわれる必要はない。そもそも、女性は子どもがいてこそ一人前、という考えがまちがっている。人びとはよく、あの女性は『子どもがいないから』色っぽいとか、ほれっぽいとか、レズビアンだとか、野心家だとかいう。これは、女性が積極的に性生活を営んでいたり、人生の目的をもっていたり、自分の価値観を追求しているのは、子どもがいない埋めあわせだという発想から来ている。しかし、そのような考えがまかり通るなら、女性が子どもを望むのは、愛情に飢えていたり、仕事にやりがいを感じていなかったり、同性愛的な嗜好が満たせないからだ、ということになる。つまり、これは人為的で社会的な道徳観で、その裏には偽りの自然主義が隠されている。女性の究極の目的は子どもを産むことであるというのも、宣伝用のスローガンに掲げるような価値観でしかない。さらに、刷りこまれたこの価値観から、別の先入観が生まれた。それは、子どもは母親の腕のなかで安心感と幸福を見いだす、というものである。『自然に反する』母親などいない。母親の愛には、自然なところなど少しもないからだ。しかし、まさにそれが理由で、悪い母親は存在する」

シモーヌ・ド・ボーヴォワール
『第二の性』 1949年

第6条

法律は、

一般意思を表明したものでなければならない。

すべての女性市民と男性市民には、

みずから、あるいは代表者によって、

その作成に参加する義務がある。

法律は、

すべての人にとって同じでなければならない。

女性市民と男性市民はみな、

法律の前で平等なので、

その能力に応じて、

美徳と才能以外の差別なく、

あらゆる位階、地位、公職を得ることができる。

イラスト | ルイ・トマ Louis Thomas

「政治の場で丁重にあつかわれるのは
侮辱であることを、女性たちにいって
おきたい。イギリスのクラブと同じく
政党は、変化に対して激しく抵抗し、
意見を同じくするものたちが次々とタ
ッグを組んでくる。社会改革の理想に
燃えて、政治の世界に足を踏みいれよ
うとする女性たちは、これらの党派的
な構造によって締めだされ、けんもほ
ろろに切りすてられる」

イヴェット・ルーディ
「懐柔されたパリテ」、「ル・モンド」紙
2004年9月5日

「慈善活動をする婦人になってはいけ
ない。裁縫室に安住しないことだ。フ
ェミニズムをその名にふさわしい場所、
政治の分野に連れもどすことを忘れて
はならない」

マルグリット・デュラン（1864〜1936年）

第6条

「楽観的に考えられているが、今後、女性の地位が改善されていくことはない。世界ではもちろんのこと、フランスでさえもそうである。ヨーロッパにおける男性の主導権は、女性が勝利を収めてから30年たっても揺るぎがない。その事実を受けいれずに、甘えたフェミニズムをファッション化しているだけなら、やっとのことで獲得した社会における女性の地位を、沈滞させたり、さらには後退させる危険を冒すことになる」

ブノワット・グルー
『そうなることを願って』 1975年

「種の繁殖も社会の安定も、夫婦によって保障される必要はなく、夫婦を保障するものである必要もない、というのが作家コレットの考えである。彼女は『妻』であることから解放されることだけを願い、性的な欲望を満たすことに自由であろうとした。そして、好奇心と創造性を維持するために、夫だけではなく、さまざまな人を相手にそれを実践した」

ジュリア・クリステヴァ
『コレット、女性の天才』 2007年

第7条

どの女性にも例外はない。
法律で定められている場合、
女性は告訴され、
逮捕され、
勾留される。
女性は男性と同じく、
この厳格な法律に従う。

オランプ・ド・グージュによる『女性および女性市民の権利宣言』

「辞書を改訂して、すべての単語を女性形にしたら、どの単語も男性のエゴイズムを黙らせるように命じる言葉と化すだろう」

ユベルティーヌ・オークレール（1848〜1914年）

「心と魂の内なる動きに精通している男性諸氏。事実、読書をすることで女性たちはいろいろな考えをもつことができるようになります。それが、冒瀆的なことなのでしょうか。そのとき、読書をしたときに、女性たちにもたらされるあふれんばかりの喜びを押しとどめることなどできません」

ロール・アドラー＆シュテファン・ボルマン
『読書をする女性たちは危険だ』 2006年

「『女性たちに、突然なにが起きたのか。彼女たちがみな、本を書きはじめたのだ。なにかそれほど重要なことをいう必要ができたのか』と、先ごろある週刊誌が書いていた。男性には、なぜ本を書くのか、2000年来本を書いているのに、まだいうべきことが残っているのか、という疑問をぶつけたことなど一度もないのに！」

ブノワット・グルー
『そうなることを願って』 1975年

第7条

「女性の詩人は誕生するでしょう！いつまでもつづく隷属状態が終わりを告げて、女性が自分のために、自分の力で生きるようになれば、いままではおぞましい男性たちにはねつけられてきましたが、女性だって詩人になりますよ！ 女性は、まだ見ぬものを発見することでしょう！ 女性の頭のなかの世界が、われわれ男性のものと違うとでもいうのでしょうか。女性は、不思議なもの、見当もつかないもの、ぞっとするようなもの、すばらしく魅力的なものを見いだすと思います。われわれはそれらを味わい、理解することになるのです」

アルチュール・ランボー
ポール・ドメニーへの手紙、シャルルヴィル
1871年5月15日

「男性を模倣し、男性の流派に属し、男性がたどる道を盲目的に歩くのは、大きなまちがいといえるだろう。われわれ女性の内側には、なによりもまず貴重な要素がある。それは、無知というものだ。何世紀も前から男性たちが自分たちのなかに蓄えてきた古い雑多なものをすべてとりいれながらも、無知の利点を失わないようにしたい」

アレクサンドラ・ダヴィッド＝ネール
「女性と社会問題」、「ラ・フロンド」紙
1902年5月28日

オランプ　ド　グ　ジュによる『女性および女性市民の権利宣言』

第8条

法律は、
厳密であきらかに必要な刑罰でなければ
定められない。
誰であっても、
犯罪を犯す前に制定され、
公布され、
女性に対して合法的に適用された
法律によってでなければ、
処罰されることはない。

イアメトｌ　イリー・シリ Mafy fara

「自分ではなかなか気づくことができないが、女性はもともと自分のなかに欲望を秘めている。美しさがどうとかいう以前に、美しさという神話が誕生する前から、そのような神話を超えたところで、女性には完全に性的な感覚が備わっており、それは他人の視線とは無関係なのである。男性は、この種の問題をかかえていない。われわれの文化では、男性の性はそれだけでそこに存在しているという共通認識がある。男性は容姿にかかわらず、欲望があって当然だと思われている。男性の欲望は、女性と親密な関係になる前から存在する。そして、女性の意思によってそれがあきらかになるまでのあいだ、男性の欲望は高まっていく」

ナオミ・ウルフ
『美の陰謀、女たちの見えない敵』 1990年

「女性が持参金という名の金銭で買われ、夫という名の専制君主に支配されているこの社会で、姦通は、もっとも重要で神聖な自由、隷属状態に置かれている女性と横暴な結婚の対極にある愛する自由に対する抗議以外のなにものでもない。この抗議は既成秩序を無視しているが、正当である。乱暴で非道徳的だが、自然そのものと同様に深遠で、抑えることができない」

ヴィクトル・ユゴー
『見聞録』、ガーンジー島 1860年

第8条

「われわれの習慣に根づいている結婚の本質そのものは、若い処女を壮年の男性と結びつけ、その処女の教育を相手の男性が積んできた経験に任せるということにある。この制度の土台には、娘たちが処女であるという原則、あるいは、私の考えでは、娘たちが処女でなければならないという偏見が横たわっている。しかし娘たちは、このように清らかで無知の状態を結婚するまで守らなければならないことに加えて、よい相手を見つけ、夫婦生活の準備を相手の手腕にゆだねることを求められる。現在の制度は、結婚前の娘たちが、たとえ真似事であっても、愛を経験することを禁じている。その結果、間接的に、男性の多くもふさわしい状況で愛を経験することができないが、本来ならば、夫婦となる男女のどちらかが愛を経験している必要があるはずだ。結婚前の自由な時期に、青年たちは売春婦から愛の手ほどきを受けざるを得

ないが、彼ら自身がそう望んでいるのか、彼らが自分の意思でそうすることを選択しているのか。本当は、身近なところで、気の置けない知りあいのなかかから、意中の女性にみずから愛を告白したいのではないか。つかのまのはかない出会いを金で買うのではなく、自分と対等の女性に若い情熱のすべてをぶつけたくはないのか。青年たちと同じく娘たちも、愛の知識と欲望をやりとりする準備ができているのではないか。（略）あなたがたは、きわめて厳しい苦痛を強いながら、若い娘がすでに愛を知った状態で結婚することを禁じているが、同時に、彼女たちの未来の夫もだめにしている。つまり、二重の意味であまりにも大きなあやまちを犯しているのである」

レオン・ブルム　『結婚について』　1907年

オランプ・ド・グージュによる『女性および女性市民の権利宣言』

第9条

有罪が宣告された場合、
すべての女性が法律によって
厳正にあつかわれる。

イラスト | **マイリス・ヴァラッド** *Maïlys Vallade*

オランプ　ド　グ　ジュによる『女性および女性市民の権利宣言』

「まずはじめに、女性の信念をみなさんにも共有していただきたいのです。ほとんど全員が男性のこの議会で、そのようなお願いをすることをお許しください。喜んで中絶をする女性など、ひとりもいません。女性の言葉に耳を傾けるだけで、そのことはわかります。これまでずっと中絶は悲劇で、このあともずっと悲劇のままでありつづけるでしょう。

（略）しかし、わが国で毎年30万件の中絶が行われている事実に関して、これ以上目をつぶっていることはできません。中絶した女性たちの体は傷つき、わが国の法律は嘲弄され、その法律に助けを求めようとしている人びとは侮辱されたり、ショックを受けています。

これまでの歴史を見れば、一時期世論を二分した大きな議論も、新しい社会的な同意を形成する上で必要な過程だったと、あとになってからわかることはあきらかです。このような議論はわが国の寛容と節度の伝統に含まれるものでもあります」

シモーヌ・ヴェイユ
中絶に関する法改正の理由表明、国民議会
1974年11月26日

「妊娠にまつわるこれらの悲劇は、あまりにもその数が多いため、ありふれたことのようになっている。ある女性は、自分の名誉を傷つけないように、みずから命を絶つ。別の女性は、自分の子どもを殺してしまう。また、若い女工、若い女中、農家の雇われ女といった女性たちは、雇い主に追いはらわれて、売春婦に身を落とす。中絶のおかげで、このような恐ろしい結末をむかえるケースは減っている。中絶が犯罪であるという現在の法律が改正されて、自分が望むときに母親になる権利が女性に認められるようになれば、妊娠にまつわる悲劇はなくなるのである」

マドレーヌ・ペルティエ
『女性の性の解放』　1911年

「みなさん。父子関係の調査の必要性と利点についてはお聞きになりました。（略）しかし、自分の子どもの父親の所在がわからないすべての女性、法規や手続きにとまどうであろうすべての女性、そしてとくに、自分を捨てたろくでなしの男になにかを求めたり、なにかをしなければならないことで尊厳を傷つけたくないすべての女性のことを考えると、私は思うのです。この父子関係の調査はあまりにも不十分な一時しのぎの手段で、あいかわらず非常に弱腰な第一歩にすぎないのではないかと。この第一歩の先には、障害物だらけの険しい道がまだまだつづきます。奴隷である女性たちは、全面的な正義と完全な自由を求めて、その道をやっとの思いで這っていかなければなりません。裏切られた母親と置きざりにされた子どもに、うそつきの愛人や恥ずべき父親を捜して罰する機会をあたえることは、それほど重要ではないでしょう。それよりも、母親と子どもがそのような男とは縁を切り、その男が彼女たちを無視したようにその男を無視し、その男が彼女たちを軽蔑したようにその男を軽蔑するほうがよいと考えます。

おそらく、現在大きな問題となっていることには、別の解決策があります。それは、女性にすべての門戸を開き、女性からヴェールをとってすべてのものが見えるようにすることです。女性を自分の運命の女主人にして、自分自身の人生を生き、自分で自分の地位を築きあげることができるようにしましょう。また、法的な慣習からはずれた母親の神聖な顔を恥辱にまみれさせているいまわしいモラルも廃止します。そして、これが一番重要なことですが、『母性基金』を創設し、母親の役割を社会的な役割としてあつかうことを実現させるのです。母親たちに独立と安全を保障するためには、これを実現させるしかありません。これこそが、これほどまでに私たちを悩ませているたくさんの苦労の大きな解決策、本当の解決策なのです」

ネリー・ルーセル
父子関係の調査を求めるためのデモが行われたときの演説　1910年2月9日

オランプ・ド・グージュによる『女性および女性市民の権利宣言』

第10条

誰であっても、
たとえそれが本質的なものであれ、
自分の意見をいうことで
不安になることがあってはならない。
女性には、
処刑台にのぼる権利がある。
同様に、
その意見の表明が法律によって定められた
公共の秩序を乱さないかぎり、
女性は演壇にのぼる権利をもつ。

イラスト ｜ **ワシム・ブタルブ・J** *Wassim Boutaleb J.*

社会的な人間である男性が前に進み、向上するためには、人類が進歩するためには、子どもを産むことのできる女性が前に進み、向上し、成長する必要がある。しかし、隷属状態に置かれた人間は成長することができない。自分の意志で服従したままでは、前に進むことも、向上することもない。自覚をもち、自由を尊重して実践したときにはじめて、人間は進歩する。古代ギリシアの哲学者ソクラテスは、ことあるごとに、『汝自身を知れ』と男性たちにいっていた。いまや、『汝自身を所有せよ』と、女性たちにいうときがきた。自由にふるまうことは権利というだけではなく、義務でもある。男性に服従する女性、男性に隷属する女性は、男性も委縮させ、おとしめている。一方が横暴ならば、もう一方は必然的に堕落する。つまり、全員の品位が落ちるのである。

　相手を屈服させるものは誰でも、屈服させられる。すべての暴君は、鎖でつながれている。（略）男性と女性は、緊密に結ばれている。女性の自由と文明の発展のあいだには、断固とした避けがたい関連性がある」

レオン・リシェ
『自由な女性』　1877年

「いたるところで、くその役にも立たないことをしている。自宅でも、職場でも、革命的なグループのなかでも。よっぽどのことがないかぎり、まじめにならないらしい。男たちのこのマゾヒズムには、うんざりだ。まじめになる機会によりいっそう恵まれていない女性たちよ、ばんざい。私の体は、ただたんに頭を乗せておくための道具ではない。別な意味で、頭を支えているのだ。男の頭をもったときから、知的な頭、もっとよい父の頭をもったときから、私の可能性は広がった。そのような頭をもっていない女には、存在する権利などない。そんな女は、欲情をそそらない。はっきりいっておく。自分の言葉で話し、自分の言葉で書く女は欲情をそそらないといってはばからない男たちが、革命的なグループのなかにいて、グループをひきいている。だから、自分の体を手に入れ、笑えるようになり、自分の頭を守ることができるという革命を、私は別の場所で、自分自身の手でやらなければならないのである」

「なぜ私が女性解放運動をしているのか」、「リディオ・リベルテ、ル・トルション・ブリュール」No.0
1970年12月

「いや、男女間の戦いは、フェミニズムによって生まれたのではない。それどころか、逆にこの戦いはフェミニズムによって終わらせる必要があるのだ。ああ、男たちよ。女性たちがいまよりも幸せになれば、あなたたちももっと幸せになれることを知ってほしい」

ネリー・ルーセル（1909年）

オランプ・ド・グージュによる『女性および女性市民の権利宣言』

第11条

思想と意見を自由に伝えることは、

女性にとってもっとも重要な権利のひとつである。

なぜなら、この自由は

子どもと父親の嫡出関係を

確保するからである。

そのため、

すべての女性市民は、

野蛮な偏見によって

真実が隠されることのないよう、

自分があなたの子どもの母親であるということを、

自由にいわなければならない。

しかし法律で定められている場合、

その自由の濫用については責任を負う必要がある。

イラスト | マルク・リザノ＆キャロル・トレボー Marc Lizano et Carole Trébor

オランプ・ド・グージュによる『女性および女性市民の権利宣言』

「女性たちが直面していた物質的な困難は、すさまじいものでした。しかし、それ以上にひどかったのは、非物質的な困難だったのです。イギリスの詩人キーツ、フランスの小説家フローベール、そのほか才能のある男性たちは、世間の無関心を耐えがたく思っていました。女性の場合、無関心ではなく敵意でした。世間は男性たちにいいました。書きたければ書けばいい。私には関係ないことだ。ところが、女性たちにはそういわなかったのです。大声で笑いながら、世間はこういいました。書くだって？ どうしてあんたたちが書くんだね？」

ヴァージニア・ウルフ
『自分だけの部屋』 1929年

「25世紀にわたる哲学の歴史のなかで、女性たちは思考するための客体〔認識や行為の対象となるもの〕の立場に置かれてきたが、思考する主体〔認識や行為をするもの〕となることはまずなかった。女性は仮象（見せかけ）、あるいは象徴なのである。（略）こんにち、女性のために提起されている問題には、アイデンティティや相違に関するものだけではなく、主体と客体に関するものもある。主体になることがつねに求められているが、政治的あるいは市民としての主体になるだけではなく、思想の上でも主体になる必要がある」

ジュヌヴィエーヴ・フレス
『フェミニズムの構造、文章と対談』 2012年

第11条

「読書をすることで、家庭の狭い世界から抜けだし、思考や創造やさらには知識の無限の空間で生きることができるとわかるようになった瞬間に、女性たちは危険な存在になる。読書をする女性は知識と経験を自分のものにすることができるが、それは社会がまったく想定していなかったことだからである」

ロール・アドラー＆シュテファン・ボルマン
『読書をする女性たちは危険だ』 2006年

「女性の知性に扉を閉ざせ。すると、それは窓から逃げ去るだろう。窓を閉めよ。すると、それは鍵穴から出ていくだろう。鍵穴をふさげ。すると、それは煙とともに煙突から消え去るだろう」

ウィリアム・シェイクスピア
『お気に召すまま』 1599年

オランプ・ド・グージュによる『女性および女性市民の権利宣言』

第12条

女性と女性市民の諸権利を
保障するためには、
大きな利益が
もたらされなければならない。
この保障はすべての人に
有利となるように設けられ、
権利が保障される女性たちの
個々の利益のために
設けられるのではない。

イラスト | セバスチャン・プロン *Sébastien Pelon*

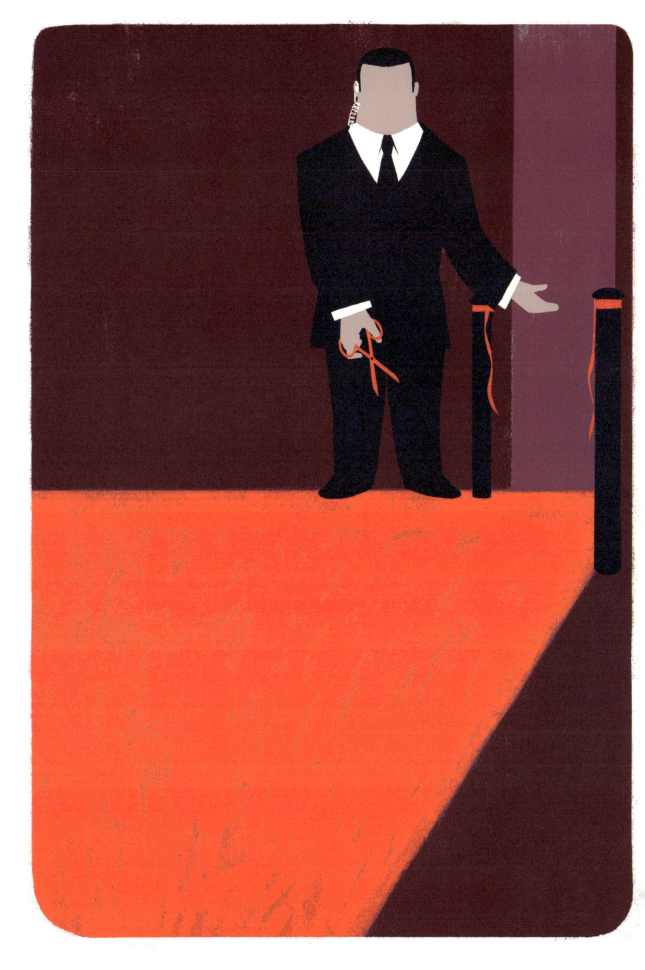

「どれほどの男性が、家事に関してこれほど愚かな側面を磨いて、自分のパートナーを感動させていると得意げになっているのか。まったく、たいした才能だ。いやなことを避ける行動は大昔から存在し、子どもたちにはよく見られることで、あんなことはしたくない、こんなことはしたくない、といいながら、しぶしぶやっている。

男性たちのこのなにもしない知恵は、新しい男性向けメディアによってそそのかされているのである。たとえば2000年11月に、『マクシマル』誌の創刊号では、『家事といういやな仕事を逃れる方法』が読者たちに指南されている。これは、きれいにしないのに掃除をするといった矛盾した態度をとることを奨励したものである。この雑誌は、やる気を示すために二度手間になることをするように勧めている。たとえば、『F1レースをするように掃除機をかける』、あるいは、食器を洗ったあとに『グラスの石灰跡をそのままにしておく』〔硬水が使われている地域では、石灰除去をしないと白い跡が残る〕という具合である。そして、この記事を書いた人物によれば、これらのアドバイスに従えば、『面倒なことに手を出さなくても、かいがいしく家事をしている男性という評判』を得ることができるのだという。

まったく驚くような話だが、男性たちは女性たちの心のなかに、よくは呼ばれる

れる罪悪感という頼りがいのある共犯者がいることを知っているのである。ごく幼いころから、クリスマスのたびに、人形、鍋をはじめとする台所用品やアイロンなどをプレゼントすることで、人びとは知らず知らずのうちに、家事をするのは自分だという気持ちを女の子たちに植えつけている。家庭教育は本来の役割を超えて社会文化的遺産のなかにとりこまれ、女性は家事全般を習得しなければならないという発想を強化しているのである。その結果、女の子たちは自分の兄弟よりもずっと多くの時間を、家事のために使うことになる。そしてコマーシャルを筆頭とするメディアが、女性は家事の仕事だというイメージを決定的なものにする。ほこりの下、皿のあいだ、家の中心に不平等が巣くっている状態は、愉快ではない。あまり語られることはないが、男女の関係の大きな部分、あるいはすべての部分をあらわしている家事に関するちょっとしたことで、女性のしっかりやる知恵と男性のなにもしない知恵のあいだに横たわる深淵が、一瞬のうちにあきらかになる。家事は、男性のいない世界を象徴している。総合的に見て、家事は賃金制度に依存せず、男性の領域にも属していない」

クレマンティーヌ・オータン
『平等の分身、フェミニズムへの招待』　2001年

第12条

「いままでずっと女性たちには、家事の分野で熱烈な愛を表現するという悲しい才能があった。ほこりを落とす、食器を洗う、掃除機をかける、といったことは、愛を証明することだったのである。フランスの小説家プルーストのいうこれらの『むなしい仕事』に自由な時間の大部分を割くのはつらいときもあったが、現実問題としてそのような仕事は山のようにあった。私はうんざりするようなそれらの仕事のひとつひとつを愛のあかしだと自分にいいきかせながら、どうにかやっていた。しかし、かつてフランスの作家ジョルジュ・サンドがそうだったように、女性はあきらかに損な役回りなのではないかと疑いはじめたのである」

ブノワット・グルー
『現実逃避の歴史』 1997年

「あなたがた全員にとって、女性は購入できる商品でしかない。もっとも安い場合は金銭で、そうでない場合は、歌、約束、気配り、長いあいだ待つことで、買うことができると思っている。しかし、心の底ではそれらをすべて一緒くたにしているのである」

ゾエ・オルデンブール
『礎石』 1953年

「花を摘んだり、部屋を美しく飾ったり、子どもたちを公園に連れていくために生まれたような男性もいれば、マンモスの頭蓋を開いたり、どんちゃん騒ぎをしたり、落とし穴を掘って待ち伏せをするために生まれたような女性もいる」

ヴィルジニー・デパント
『キング・コング理論』 2006年

オランプ・ド・グージュによる『女性および女性市民の権利宣言』

第13条

公の安全の維持と行政の支出のために、
女性と男性は租税を平等に負担する。
女性はすべての労役と
すべての激務に貢献する。
そのため、
女性は同じだけの
地位、職業、負担、位階、産業の
分配にあずからなければならない。

イラスト | ジャッジ *Jazzi*

オランプ・ド・グージュによる『女性および女性市民の権利宣言』

「私たちは、男性たちが最初から私たちにそうであることを望んだこの不自然な人間、この型にはまった人間よりもずっと、彼らによく似ている。男性たちは、彼らの提案によって、彼らが私たちのために定めた特別なモラルによって、彼らの文学によって、彼らの荒々しさによって、そして彼らの要求によって、醜悪であると同時に理想的な女性、私たちがあえてそこから遠ざかろうとしていないタイプの女性をつくりあげた。(略)私たちは、男性たちが彼らのために考えだした型にはまった女性らしさの下に、自分たちの人間らしさを隠さなければならなかったのである」

ジャンヌ・ロワゾ、通称ダニエル・ルシュー
「ラ・フロンド」紙　1900年

「理想的な白人女性とは、魅力的だがふしだらではなく、きちんと結婚しているが地味ではなく、働いているが夫を打ちのめさないように成功しすぎず、ほっそりしているが食べ物に神経質ではなく、いつまでも若々しいが整形手術で顔をいじることはなく、立派な母親だがおむつ交換や学校の宿題に忙殺されず、一家のすぐれた主婦だが家政婦ではなく、教養はあるが男性ほどではない女性だという。人びとは、このような白人女性像をたえず私たちの目の前でちらつかせ、このように幸せな女性になるよう努力を強いてくる。しかし、たいしたことではないもののためにうんざりしきっているように見える姿は、真似をしなくていいらしい。いずれにせよ、私はいままでこのような女性とは、どのような場所でも出会ったことがない。このような女性はいないと、私は確信している」

ヴィルジニー・デパント
『キング・コング理論』　2006年

第13条

「美しいイメージのなかに遍在する自分とは程遠い存在のモデルたちが、大勢の女性を自己嫌悪のなかに、莫大な費用がかかる破壊的な悪循環のなかに閉じこめて、途方もないエネルギーを注がせている。やせていなければならないという強迫観念は、女性らしくなければならないという執拗な思い、暗く荒廃的な罪悪感のあらわれである。無視されているかもしれないという不安から、整形手術で体をつくりかえようという考えが生まれる。そのときその体は、魅力を失った動かない物体とみなされ、他人の影響をどこまでも受けやすく、自分自身とは完全に切りはなされた外部のものでしかない。さらに、美容産業とメディア集団が世界的規模になったことで、美白が共通の規範として地球の隅々まで広まり、ときに不健全な地域格差が生まれている」

モナ・ショレ
『致命的な美女、女性らしさを放棄する新しい人びとの姿』 2012年

「人は、女に生まれるのではない。女になるのである。社会のなかで人間の雌が見せている姿を決めているのは、生物学的運命でも、精神的運命でも、経済的運命でもない。文明全体が、男と去勢された男の中間に位置する、女と呼ばれているものをつくりあげている。他人が介在することではじめて、個人は『他者』となる。子どもは、自分のためだけに存在しているあいだは、性的に異なるものとして自分をとらえることはできないはずである」

シモーヌ・ド・ボーヴォワール
『第二の性』 1949年

オランプ・ド・グージュによる『女性および女性市民の権利宣言』

第14条

女性市民と男性市民は、
みずから、あるいは代表者によって、
公の租税の必要性を
確認する権利をもつ。
女性市民は、
財産だけではなく公の行政において
平等の分配が認められたときにのみ、
その租税の必要性に同意し、
税の額、基準、徴収、期間を
決定することができる。

イラスト │ **オーレリアン・プレダル** *Aurélien Prédal*

「疑いと恐怖は、女性たちにとって最悪の敵である。疑いは彼女たちの足を鎖でつなぎ、恐怖は彼女たちの脳を満たす。彼女たちは、中傷されるのではないかという恐怖で疑心暗鬼になる。疑いという短刀で、彼女たちはこまかく切り刻まれ、恐怖で青ざめる。青ざめた女性たちの姿は、高く評価される。その姿は無数に解釈され、ありとあらゆる魅力で飾られる。女性たちよ、恐怖の刺すような痛みから自由になり、まっすぐ堂々と立て。しがみつき、依存したつる植物ではなく、丈夫な根を張った大木のように立て。女性はひとりでも成長し、森全体を広げ、育てることができるのだ」

タスリマ・ナスリン
『女性たちよ、自分の存在を示せ』 1994年

「現在の女性の自立と解放の概念の狭さ、社会的な観点で自分と対等の人間ではない男性を愛する恐怖、愛が女性から自由や独立を奪う不安、母としての愛や喜びが仕事の妨げとなる心配、これらの懸念のすべてが、現代の解放された女性を無理やり純潔な乙女にしています。そして大きな苦しみがとりのぞかれ、深い喜びに心を奪われるような人生は、女性の目の前で展開し、彼女の魂がその人生にかかわったり、導かれることはないのです」

エマ・ゴールドマン
「母なる地球」誌（No.1、1906年3月）に掲載された講演、『女性解放の悲劇』再録 1906年

「こんにちの女性は、男性でもあり、女性でもなければならない。同時にふたりの人間であることなど、誰にもできない。なぜ、女性にはそのようなことが求められるのか。

私たちは、この策略にはまった女性たちと出会ったが、彼女たちはみな驚くほどの勇気と、困難に打ち勝つ意志と、忍耐力と、寛大さをもっていた。つねに自分自身に問いかけ、あきらめようとしない女性たちだった。現在の女性が置かれている状況は、もはや服従や力の問題ではなく、それぞれの女性が身に着けている目に見えないコルセットによって説明される。いまや、女性は生きのこるために、最後には自分自身でいるために、戦わなければならない。すべての年齢の女性が、目に見えないコルセットをはずすために、自分自身や社会と戦う必要がある。

フェミニストの女性は、もう存在しない。いまの女性は、男性との戦いの段階を超えている。女性には、男性が必要なのである。毅然として見える女性たちでさえ、私たちにそう打ちあけてくれた。すべてを制御しているような印象があっても、彼女たちは男性を必要としている。

女性が置かれている状況は変わるだろう。戦闘行為によってではなく、男女が協力して起こす革命によって変わるはずである。そう。今回は、ブラジャーを焼き捨てるだけでは十分ではない。この目に見えないコルセットをはずすために、社会全体が乗りだす必要がある。女性を解放するためには社会全体を、つまり男性を解放しなければならない」

エリエット・アベカシス&キャロリーヌ・ボングラン
『目に見えないコルセット』 2007年

オランプ・ド・グージュによる『女性および女性市民の権利宣言』

第15条

租税の負担について
男性全体と団結した女性全体は、
すべての官吏に対して、
その行政に関する報告を
求める権利をもつ。

イラスト｜オード・マッソ Aude Massot

オランプ・ド・グージュによる『女性および女性市民の権利宣言』

「何千年も前から、正義にかなったこと、あるいは正義にもとることを理由に、男性たちは殺しあいをしてきた。しかし、それらの理由はいつでも男性たちに起因し、負傷した人の世話をしたり、次の世代をつくる女性たちから死の脅威が生まれることはなかった」

マルセル・ティナイエール
『試練の前夜』 1915年

「女性を『弱い性』と呼ぶのは、中傷である。そう呼ぶことで、男性は女性に対して不当なことをしている。非暴力が人類の掟なら、未来は女性のものである」

マハトマ・ガンディー
『人はみな兄弟である』 1942〜56年

第 15 条

「女は男の未来
女は男の魂の色彩
女は男のざわめき、男のどよめき
女がいなければ、男はただの冒瀆的な
言葉
実のない核にすぎず
その口からは粗野な風が吹き
その人生は荒れ狂い
みずからの手でそれを破壊する

あなたにいおう、男は女のために生まれ
愛のために生まれるのだと
古い世界のすべてが変わるだろう
はじめに生が、次に死が
そしてすべてのものがわけられる
白いパンも血まみれのキスも
夫婦とふたりの世界が
オレンジの花のように降ってくるだろ
う」

ルイ・アラゴン
『エルザの狂人』 1963年

「だから私は、私たち女性の隷属状態
をなだめるために男性たちが慇懃無礼
に使っている美辞麗句を拒絶し、もっ
とも弱い性である女性の特徴としてあ
げている、上品な知性、洗練された感
受性、従順なしなやかさ、などのくだ
らない言葉を軽蔑する。そして、上品
さは徳に劣ること、称賛すべき野心の
一番の目的は性別に関係なく人間とし
ての人格を身につけること、この単純
な試金石によって相手を評価しなけれ
ばならないことを指摘したい」

メアリ・ウルストンクラフト
『女性の権利の擁護』 1792年

第16条

権利が保障されず、
権力が分立していないすべての社会には、
憲法がない。
国家を構成する個人の大多数が
憲法の制定に参加しない場合、
その憲法は無効である。

イラスト | クネス Kness

「(略) 女性のなかでは、はじめは自立した存在と『他者としての存在』の葛藤がある。女性は、人から気に入ってもらうためには、気に入られるようにしなければならず、客体〔認識や行為の対象となるもの〕になる必要があることを教えられる。つまり、自立をあきらめなければならない。女性は生きている人形のようにあつかわれ、自由を拒まれる。こうして、悪循環がはじまる。なぜなら、女性は自分をとりまく世界を発見し、理解し、把握するために、それほど自由を行使しようとせず、自分のなかにそれほど可能性を見いだそうとせず、主体〔認識や行為をするもの〕として自分の態度をそれほどはっきり示そうとはしなくなるからだ。もし少女のころに誰かが勇気づければ、男の子と同じような活気のある陽気さ、同じような好奇心、同じような自発性、同じような大胆さを示すかもしれないのに」

シモーヌ・ド・ボーヴォワール
『第二の性』 1949年

「女性の幸せとは、男性に仕え、男性を喜ばせることだという考えを口にできるのは、男性だけだろうに」

マーガレット・フラー
『アメリカの女性たち』 1843年

「自分自身が思いえがいたとおりの自分になっている女性が本物だ」

ペドロ・アルモドバル (1949年〜)

「ヴェールは、少女や少年たちが首に
かけることのできる十字架のような、
たんなる宗教的なしるしなどではない。
『ヒジャブ』というこのヴェールは、
頭をおおうだけのスカーフではない。
このヴェールで、体を完全に隠す必要
がある。なによりもまずこのヴェール
は、同じ場所に男女が一緒にいないよ
うにするためのもので、このヴェール
によって、女性の空間と男性の空間は、
はっきりとわけられている。より正確
には、このヴェールによって女性の空
間が定められ、制限されている。『ヒ
ジャブ』というこのヴェールは、女性
の体に刻みこまれ、女性の体を支配し
ている、イスラム教でもっとも野蛮な
教義である」

シャードルト・ジャヴァン
『ヴェールを捨てよ』 2003年

「飼いならされたハルピュイア〔ギリ
シア神話に登場する怪物〕かメッサリ
ナ〔ローマ皇帝クラウディウスの悪妻
として知られる妃〕か、聖女か売春婦
か、献身的な母親か母性を失った母親
か。よろしい。このように私たち女性
は大きく分類され、人びとから認識さ
れ、私たち自身もその役割のなかにと
どまっている。しかし、人生における
ひとつひとつの行為を私たち自身の目
で見直して、これほど長いあいだ耐え
忍ぶことになった『おまえは苦しんで
子どもを産む』という〔旧約聖書に出
てくる〕神の言葉から、ご立派な精神
分析の創始者フロイトが私たちのため
に念入りにつくりあげたつつましく受
け身的な幸せの図式までを再検討する
と、それらはまったく不適当で許しが
たいもののように思われる。男性たち
は、私たち女性が気まぐれで、あだっ
ぽく、嫉妬深く、独占欲が強く、金で
身を任せ、軽薄だと、いつでも有頂天
になっていた。男性たちは自分たちが
安心するために、これらのすばらしい
欠点を注意深く助長した。しかし女性
たちは自分の頭で考えはじめ、敷かれ
たレールをはずれて生きるようになっ
ている。こうして、これまで保たれて
きたバランスはくずれ、償うことので
きないあやまちがあきらかとなるので
ある」

ブノワット・グルー
『そうなることを願って』 1975年

第17条

財産は、

結婚状態がつづいていても、

破綻していても、

両性に属する。

財産は、

両性にとって侵すことのできない

神聖な権利である。

誰であっても、

本物の自然の資産としてのその権利を

奪われることはない。

ただし、

公に必要であることが法的に確認され、

それがはっきりと要求され、

正当な補償があらかじめなされるという

条件がある場合は別である。

イラスト | ヤスミーヌ・ガトー *Yasmina Gateau*

『『男性を恐れない女性は、男性を恐れさせる』と、ある日、ある若い男性が私にいった。また、大人たちがきっぱりとこう宣言するのを何度も聞いたことがある。『女性が率先して行動するのは、大嫌いだ』。女性が大胆すぎると、男性は逃げていく。男性は、支配することに執着しているからである。だから、女性は男性の餌食にならなければ、成功することができない。女性は受け身のものになり、服従を約束する必要がある。女性が成功すれば、みずからの意志でこのように不可思議な共謀を行った結果なのだから、自分が主体〔認識や行為をするもの〕となったと考えることができるだろう。しかし、男性に軽蔑されることで、役に立たない客体〔認識や行為の対象となるもの〕として立ちすくんでしまいかねない。そうなると、心底から侮辱された女性は、男性からの誘いを拒絶する。男性も、だまされたと思ったときに腹を立てることがある。しかし、それは計画が暗礁に乗りあげただけで、それ以上のことはなにもない。一方、女性は生身の人間として、混乱や期待や約束を引きうけることに同意した。女性は負けることでしか勝つことができない。女性は敗北したままである。このような敗北を認めるためには、とんでもなく盲目か、並外れて明晰でなければならない」

———

シモーヌ・ド・ボーヴォワール
『第二の性』 1949年

「本当に女性が好きな男性は、女性たちにどんな武器でも自由に使わせる。彼は、女性たちが武器を使うところを見ることに喜びを感じるのだ。たとえその武器が自分に向けられていたとしても」

———

マルセル・オクレール
『愛、覚書と格言』 1963年

第17条

「これまで何世紀ものあいだ、女性たちは鏡として男性たちの役に立ってきました。男性の姿を実物の2倍の大きさで映しだす、心地よい魔力をもちつづけてきたのです。この力がなかったら、世界はいまだに沼地で、ジャングルだったにちがいありません。戦争のあらゆる手柄もなかったことでしょう。私たちは依然として羊の骨に鹿の姿をぎこちなく刻んだり、火打石を羊の皮やまだ素朴なままの好みを満たすそのほかの簡素な装飾品と交換しているはずです。超人たちや運命の手に導かれた人びとが王座につくことも、王位を失うこともなかったでしょう。文明社会において、鏡はさまざまな側面をもっています。いずれにせよ、荒々しくふるまったり、勇ましく行動したい人には必要不可欠なものです。そういうわけで、ナポレオンもムッソリーニも、女性の劣等性をあれほど力をこめて強調したのでした。女性が劣っていなければ、男性を大きく見せる鏡にならないからです。男性にとって女性はたび

たび必要なものであることが、これでわかるでしょう。また、女性の批評が男性を不安にさせることの説明もつきます。女性が男性に向かって、この本はだめだとか、この絵は出来が悪いとか、その手のことをいうと、同じような批評を男性がした場合とくらべて、はるかに大きな苦痛をもたらし、はるかに大きな怒りを呼びおこすことになる理由もはっきりするでしょう。というのも、女性が真実を口にしはじめると、鏡に映る男性の姿は小さくなり、人生に立ちむかう力が弱まってしまうからです。1日に2度、食事のときに、少なくとも実物の2倍の大きさの自分を見ることができなかったら、どうして男性は判決をくだしたり、原住民を文明化したり、法律をつくったり、本を書いたり、着飾ったり、宴会で長々と話したりしつづけることができるでしょうか」

ヴァージニア・ウルフ
『自分だけの部屋』 1929年

後文

オランプ・ド・グージュによる『女性および女性市民の権利宣言』

———

女性よ、目覚めよ。理性の警鐘が、世界中に鳴り響いている。自分の権利を認めよ。自然が支配する強大な帝国は、もはや偏見、狂信、迷信、うそにとりまかれてはいない。真理の光が、愚かさと簒奪のあらゆる暗雲を追いはらった。奴隷だった男性は力を増し、鎖を断ちきるために女性の力を必要とした。自由になった男性は、女性に対して公正を欠くようになった。

ああ、女性たちよ。女性たちよ。あなたたちはいつになったら、盲目であることをやめるのか。革命であなたたちが手に入れたものは、なんなのか。よりいっそうあきらかになった軽視、より著しくなった軽蔑。腐敗していた何世紀ものあいだ、あなたたちは男性たちの弱さしか支配できなかった。あなたたちの帝国は崩壊した。それでは、なにが残っているのか。男性による不当な仕打ちに対する確信。思慮深い自然の意志にもとづく遺産に対する権利の要求。これほどすばらしい計画を前にして、なにを恐れる必要がある

のか。カナの婚礼で立法者が口にしたひどい言葉を恐れているのか〔カナの婚礼は、新約聖書に出てくる奇跡物語〕。フランスの立法者たちを恐れているのか。長いあいだ政治の諸分野につきまとっていたこのモラルを矯正する人びとは、もうそのような時代ではないのだから、同じことはくりかえさない。女性たちよ、あなたたちと私たちには、どのような共通点があるのか。すべて、とあなたたちは答えなければならない。自分たちの弱さのために、彼らはあくまでもこの矛盾を自分たちの方針に反することだといいはろうとするかもしれないが。根拠のない優越性の主張に、勇気をもって理性の力を対抗させよ。哲学の旗のもとに集まれ。持ち前の気力をふりしぼれ。あなたたちはまもなく、この高慢な人びと、奴隷ではない崇拝者たちが、あなたたちの足元にひれ伏し、最高存在の宝をあなたたちと共有することを誇らしく思う様子を見るだろう。目の前に置かれる障害物がどのようなものであろうとも、自分の力で乗

りこえることができる。そう望めばよいだけだからだ。では、あなたたちが社会のなかで遭遇したすさまじい光景を見ることにしよう。国民の教育が話題にのぼっているいま、私たちの思慮深い立法者たちが女性の教育について良識的に判断するかどうかを注視する必要がある。

女性たちは、善よりも悪をなしてきた。遠慮や隠し立ては、彼女たちに共通することだった。力を奪われた女性たちは、悪知恵を手に入れた。女性たちは、自分の魅力をすべての武器にした。完璧な魅力に、相手は抵抗できなかった。毒も剣もみな、いいなりだった。彼女たちは美徳と同じように、犯罪も意のままにした。何世紀ものあいだ、とくにフランス政府は、女性たちの夜の活動に大きな影響を受けていた。役人たちがみずから口にしてしまったため、大使館、軍司令部、省庁、大統領官邸、ローマ教皇庁、枢機卿団まで、秘密が保たれている場所はひとつもなかった。ようするに、世俗で生きていようと宗教界にいようと、男性たちの愚かさを示すものはすべて、かつては軽蔑すべきだが尊敬されていた男性たち、革命以降は尊敬すべきだが軽蔑されている男性たちの強欲と野望のなすがままだったのである。

このような対照を行うために、それほど多くの指摘をする必要などない。そう

するための時間もわずかしかないが、この時間はさらに後退した後世の記憶にとどまるだろう。革命以前の社会体制では、誰もが堕落し、誰もが罪を犯していた。しかし、実態そのものが悪徳であるものを改善する余地はないのだろうか。これまで女性は美しくて愛想がよければ、それだけでじゅうぶんだった。このふたつの利点があれば、足元にたくさんの財産が見えた。それらを手に入れようとしない女性は、豊かさを軽蔑している風変わりな人、あるいは普通の人生観をもっていない人だった。そのため、頭が悪い女性としかみなされなかったのである。もっとも恥知らずなのは、財産があるために尊重された女性だった。このような女性の売買は、上流階級の一種の生業として容認されていた。こうした売買はもはや信用を失うことになるはずだが、依然としてあるならば、革命は失敗したといえるし、新しい目で見ても、私たちはあいかわらず腐敗している。また、アフリカの沿岸部で買われる奴隷のように男性に買われた女性たちは、財産を手に入れる道を閉ざされているが、そのことは理性の目から隠されている。男性と女性の違いが大きいことは、誰にでもわかるだろう。奴隷である女性は、主人である男性を意のままにする。しかし、主人が奴隷になんの補償もなく自由をあたえたら、

そのとき奴隷がもうすべての魅力を失っている年齢になっていたら、この不幸な女性はどうなってしまうのか。軽蔑されて、なぶりものにされるのだ。慈善団体の扉でさえ、彼女の前では閉ざされている。彼女は貧しく、年をとっている。どうして自分の財産を手にすることができなかったのか。さらに痛ましいそのほかの例も、理性に訴えてくる。経験の乏しい若い女性が、好きな男性に誘惑され、両親を捨ててその男性についていった。何年かたつと、その男性は女性を捨ててしまう。ともに過ごした年月が長ければ長いほど、男性の心変わりは残酷である。子どもがいれば、その子も捨てられる。男性が裕福だったら、その女性に自分の財産をわけあたえずに済んだと思うだろう。仮になんらかの約束をしていたとしても、ありとあらゆる法律の助けを借りて、その義務から逃れるにちがいない。もし結婚しているなら、ほかのすべての約束はその効力を失う。それでは、悪習を根こそぎ一掃するためには、どのような法律を定める必要があるのか。男女間で財産を平等に分配する法律と、女性が公職につくことができる法律である。裕福な家に生まれた女性が多くの分配を平等に得られることは、容易に明解できる。

しかし、才能や美徳に恵まれていても、貧しい家に生まれた女性にはどんな分け前があるのか。彼女の手に入るのは、貧困と恥辱である。音楽や絵画に秀でていないかぎり、どれほど能力があっても、女性は公職につくことができない。ここでは概略だけにとどめておき、後日出版する予定の政治関連の新しい著作で、注釈とともに詳しくのべたいと思う。

風習の問題に戻ろう。結婚は、信頼と愛の墓場である。既婚女性は私生児を産んでも夫の子どもにすることができるが、財産はその子どもにはあたえられない。未婚女性がもつ権利は、ほんのわずかである。昔の非人間的な法律では、未婚女性が産んだ子どもはその父親の名前と財産を受けつぐことができなかったが、新しい法律でもその点は変わらない。私はいま、尊敬に値する正義にかなった堅実さを女性にもたらそうと試みている。しかし、たとえ矛盾しているようでも、不可能に見えるようでも、この問題を解決する名誉を男性に譲ろうと思う。私たちはそれまでのあいだ、国民を教育することで、風習を見直すことで、夫婦間のとりきめをすることで、準備を整えることにしたい。

イラスト｜アンヌ・リーズ・ブータン *Anna-Lisa Boutin*

イラストレーター紹介

イラストレーター紹介

国際連合による『女性に対する差別の撤廃に関する宣言』

第1条

アメリ・ファリエール
Amélie Falière

パリの美術学校エコール・エティエンヌでビジュアルコミュニケーションについて学んだのち、イラストレーターになるという夢を実現しようと決意する。1950年代のイラストレーターたちやUPAスタイル（1960年代と70年代に流行したアメリカのアニメーション）から強いインスピレーションを得た彼女は、なによりも色あざやかなシンプルで洗練された画風を追い求めている。

ameliefaliere.ultra-book.com

第2条

セバスチャン・ムラン
Sébastien Mourrain

1976年に、オーベルヴィリエで生まれる。リヨンの応用美術学校エミール・コールで学び、2000年に卒業。以後、イラストを描きはじめる。数多くの出版社（アクト・シュッド・ジュニオール社、フルミ・ルージュ社、スイユ・ジュネス出版など）や雑誌のために仕事をしている。作品は、イマジエ・ヴァガボンを介した展覧会で見ることができる。リヨン在住。アトリエ「ル・ボカル」に所属。

sebastienmourrain.tumblr.com

第3条

セリーヌ・ゴビネ
Céline Gobinet

幼いころから、退屈をまぎらすために、絵を描いたり物語を考えていた。デッサンを学ぶことのできる学校に一貫して通ったあと、1995年にアニメ映画専門学校ゴブランに入学。その後、ストーリーボードを専攻し、アニメシリーズや長編アニメ映画のために物語をつくったり描いている。

cgobinet.blogspot.fr

第4条

エリック・ゴスレ、別名ミスター・エッグ
Éric Gosselet aka Mister EGG

アニメーション監督（ゴーモン＝マラトン社）として作品をつくるかたわら、雑誌（ミラン社）や書籍（アキレオス＝バング出版）のためにイラストを描いている。

mister-egg.blogspot.fr

第5条

ナタリー・ラゴンデ
Nathalie Ragondet

リヨンの応用美術学校エミール・コールを卒業した若きイラストレーター。水彩とガッシュの組みあわせを好む。ドローム県在住。

www.tumblr.com/tagged/nathalie-ragondet

第6条

ポール・エチェゴエン
Paul Echegoyen

科学バカロレア〔大学入学資格〕を取得し、タルブのデッサン・アカデミーで学んだあと、2003年にパリへ移り、ペナンガン高等グラフィックアート学校に入学する。
2008年に卒業してから数年間、フリーのグラフィックデザイナーとストーリーボードアーティストとして働く。2011年10月に、スイユ・ジュネス出版から最初の絵本を出す。以後、絵本やバンド・デシネ〔フランス語圏の漫画〕（ソレイユ出版の「ノクタンビュール」コレクション）と、雑誌（とくに、「ダダ」誌で宮崎駿に敬意を表した「ルノ197」）の仕事をしている。
ダニエル・マーガン画廊（パリ）、アルリュディック画廊（パリ）、ヌクレウス画廊（ロサンゼルス）などで、定期的に展覧会を開催。とくに好きなテーマは、エコロジー、子ども時代のノスタルジー、夢と想像の世界である。本の挿絵を描く際、水彩、ガッシュ、黒鉛、色鉛筆など、さまざまな技法を用いている。

paulechegoyen.tumblr.com

イラストレーター紹介

第7条

ダフネ・オン
Daphné Hong

児童書のイラストレーター。パリ生まれ。現在は、アニメ制作会社イルミネーション・マック・ガフに勤務。バレエと旅行が大好きで、日々の仕事のインスピレーションの源となっている。短気なところと、すばらしい好奇心をもっているところが欠点。

daphne-h.blogspot.fr

第8条

カルロス・フェリペ・レオン
Carlos Felipe León

1981年に、コロンビアのボゴタで生まれる。インダストリアル・エンジニアリングを学んだあと、フランスで美術の夢を追い求める決心をする。2007年にCGクリエイター養成学校シュパンフォコムを卒業後、アニメ映画の世界、とくに、ビジュアルデベロップメント、カラーデザイン、ライトアート、アートディレクションの分野で働く。
ヨーロッパのさまざまなスタジオ（フレームストア、イルミネーション・エンターテインメント、ネオミ・アニマシオン、ビボ・フィルムなど）で仕事をしたあと、現在はサンフランシスコに居住し、ドリームワークス・アニメーションのために働いている。イラストレーターとしても活動しているほか（ネクリス、オキュラス・ストーリー・スタジオなど）、個人的に油彩画の制作も進めている。

carlos-leon.com
facebook.com/carlosleon.artist

イラストレーター紹介

第9条

サンドリーヌ・アン・ジン・クアン
Sandrine Han Jin Kuang

アニメ映画専門学校ゴブランを卒業した若き
イラストレーター。ライカ・オニクス・フィ
ルム、プリマ・リネア、マラトン・アニマシ
オンや、子ども向け雑誌のために仕事をして
いる。

sumi-pimpampoum.blogspot.fr

第10条

ステファヌ・カルドス
Stéphane Kardos

1971年に、エーヌ県ランで生まれる。
ルーベの高等応用美術・テキスタイル学校で
アニメーションを、ストラスブールの高等装
飾美術学校でイラストレーションを学ぶ。
1997年にパリでディズニー・スタジオのた
めに働くようになり、2001年にはロンドン、
その後2007年にロサンゼルスへ移り、現在
はディズニー・スタジオのアートディレクタ
ーを務めている。ピクサー、ルーカスフィル
ム、ディズニー・フィーチャー・アニメーシ
ョンとともに、さまざまなプロジェクトを手
がける。2016年には、はじめての絵本『ジ
ュディ・ホップスと消えたジャンボ・ポップ』
をディズニー・パブリッシングと共同で出版
した。

スウェーデン人の魅力的な妻と、ふたりの息
子、マグヌスとニルスとともにロサンゼルス
に住んでいる。

stefsketches.blogspot.fr

第11条

クリストフ・ロートレット
Christophe Lautrette

トゥールーズの応用美術学校と、パリのアニ
メ映画専門学校ゴブランで学ぶ。その後、ディ
ズニー・フランスとビボ・フィルムの仕事
をした。20年来、ロサンゼルスのドリーム
ワークス・アニメーションで働いている。『プ
リンス・オブ・エジプト』『スピリット』『エ
ル・ドラド　黄金の都』『シンドバッド　7
つの海の伝説』『シャーク・テイル』『マダガ
スカル』『ガーディアンズ　伝説の勇者たち』
『カンフー・パンダ』など、数多くの作品に
携わった。『ビー・ムービー』ではアートディ
レクターを、『クルードさんちのはじめての
冒険』と現在制作中のその続編ではプロダク
ションデザイナーを務めている。
また、さまざまな芸術家による共同作品であ
る『ムーンシャイン』は、彼が中心となって
つくった本である。

lautrette.blogspot.fr

イラストレーター紹介

オランプ・ド・グージュによる『女性および女性市民の権利宣言』

前 文

ジェラルド・ゲルレ
Gérald Guerlais

1974年に、ナントで生まれる。国立応用美術学校を卒業。雑誌（バイヤール社、プリスマ社、ミラン社）や絵本（ペール・カストール／フラマリオン社の「わんぱく」シリーズ、フリュリュス社、ゴーティエ＝ラングロー社、ドゥ・コック・ドール社、ペンギンブックス社）で挿絵を担当。アニメーションの背景デザイナーでもあり、フランスのスタジオ（フチュリコン、ゴーモン・アニマシオン、シーラム）やアメリカのスタジオ（ソニー）のために仕事をしている。文化交流にも熱心で、国際的なチャリティー団体スケッチトラベルの創始者でもある。美術雑誌「ルイユ」で、毎月連載を担当。アメリカでは、代理店キッドシャノンを通して作品を展示している。

www.geraldguerlais.com

第1条

カミーユ・アンドレ
Camille André

1990年に、韓国で生まれる。文学バカロレアを取得後、アニメ映画の勉強をするために、ルーベの高等応用美術・テキスタイル学校とパリのアニメ映画専門学校ゴブランに通う。アメリカのスタジオ（ソニー・ピクチャーズ・アニメーション、ブルースカイ・スタジオ）でキャリアを開始し、一時期はディズニー・フランスでも働いていた。パリに戻ってからは、キャラクターデザイナーとしてオニクス・フィルムのために仕事をするほか、バンド・デシネのプロジェクトも進めている。

cephalon-art.blogspot.fr
facebook.com/camille.andre.art

イラストレーター紹介

第2条
リオネル・リシュラン
Lionel Richerand

1970年代初頭に、ラ・トロンシュ（イゼール県）で生まれる。幼いころからデッサンでさまざまなものを表現していた。ペナンガン高等グラフィックアート学校と、パリの国立高等装飾美術学校で学ぶ。2001年には26のエピソードからなる人形アニメ『不安なオオカミ』を制作、2003年にはアニメシリーズの『レ・グラボノート』を共同制作、クリスチャン・ヴォルクマン監督の長編映画『ルネッサンス』にも参加した。バイヤール社とミラン社ではイラストレーターとして活動しており、グラッセ・ジュネス社からはベルトラン・サンティーニの文章に挿絵を添えた『奇妙なクリスマス・イヴ』を出している。
バンド・デシネの分野では、アキレオス社から『野菜風小話』、ラ・ジョワ・ド・リール社から『新しい海賊たち』、ソレイユ出版から『森のなか』（「メタモルフォーズ」シリーズ）などを発表。現在、ソレイユ出版の「メタモルフォーズ」シリーズから2巻本の絵本を出すために、ベルトラン・サンティーニと共同作業を行っている。そのほか、バンド・デシネのさまざまなプロジェクトも進行中である。

facebook.com/LionelRicherand

第3条
リュック・デマルシュリエ
Luc Desmarchelier

1965年に、リヨンで生まれる。数年間、リヨンとマルティニークの広告業界で働いたあと、1990年にアニメーションの背景デザイナーとして仕事を開始する。最初はパリ、次にロンドン、最後にロサンゼルスへ移り、その地でドリームワークス・アニメーションとソニー・ピクチャーズ・アニメーションのアートディレクターとなった。彼が手がけた作品には、『プリンス・オブ・エジプト』『エル・ドラド　黄金の都』『シュレック』『スピリット』『ティム・バートンのコープスブライド』『オープン・シーズン』『モンスター・ホテル』といった長編アニメ映画のほかに、『ハットしてキャット』『チャーリーとチョコレート工場』『トゥモローランド』のような映画もある。
現在はフリーの立場で活動するほか、カリフォルニアのラグナ・カレッジ・オブ・アート・アンド・デザインの教授として、イラストレーションとビジュアルデベロップメントを教えている。仕事としての作品と個人的な作品はブログで、関心をもっている銀塩写真とピクトリアリズム写真については写真共有サイトのフリッカーで見ることができる。

ldesmarchelier.com
oshualasblog.blogspot.com
harmattansblog.blogspot.com
flickr.com/photos/harmattangallery

イラストレーター紹介

第4条

ユーグ・マオア
Hugues Mahoas

ブルターニュ在住のデザイナーで画家。アニメ界では非常に早くから注目されていた。何年も前から、大ヒットアニメシリーズの『宇宙のおかしな人たち』と『海賊一家』に参加している。しかし彼を有名にしたのは、みずから手がけた52のエピソードからなるアニメシリーズ『牛と猫と大海』である。そのほかに、絵本も書いている。

mahoas.blogspot.fr

第5条

イルガヌ・ラモン
Yrgane Ramon

ヨーロッパの出版、ヨーロッパの雑誌、バンド・デシネ、広告の分野で仕事をしている。リヨンの応用美術学校エミール・コールの教師でもあり、タトゥーアーティストでもある。

yrgane.com

イラストレーター紹介

第6条

ルイ・トマ
Louis Thomas

映画監督でイラストレーターでもある。パリのアニメ映画専門学校ゴブランで学んだあと、2012年末にロサンゼルスのカリフォルニア芸術大学を卒業した。1年間の交換留学と、カリフォルニアにある複数のアニメーション・スタジオでの契約が終わると、より自由な環境を求めて、フランスで仕事をすることを決意する。

2013年以降、彼はパリのパンテオンとリュクサンブール公園のあいだにあるアトリエに住み、猫のピポを助手として働いている。さまざまな作品をつくるために、ゴブラン出身のアニメーターたち、友人のコンポジターやサウンドデザイナーたちが協力体制にある。最近の顧客には、ピクサー、ユニバーサル、カートゥーンネットワーク、ライカ、ソニー・ピクチャーズ、テームズ・アンド・ハドソン、ハバス、インタースポート、レコール・デ・ロワジール、バイヤール、ペンギン、ランダム・ハウスなどが含まれている。

louist.blogspot.fr

第7条

マエル・グルムラン
Maël Gourmelen

アニメーターでデザイナーでイラストレーターでもある。トゥールのエコール・ブラッサールでグラフィックデザインとイラストレーションを学んだあと、2008年にパリのアニメ映画専門学校ゴブランを卒業。パリ（ユニバーサルとのあいだで）とロサンゼルスで仕事の契約を結び、2年間住んだロサンゼルスでは、ディズニー・スタジオとドリームワークス・アニメーションで、手描きの登場人物に命を吹きこむ作業をした。

2013年末、フリーの立場で芸術に情熱を注ぎ、仕事の幅を広げるために、妻とともにパリへ戻る。現在の顧客には、ライカ、アードマン、パラマウント・アニメーションが含まれている。同時に、イラストレーションや監督の仕事に少しずつ歩を進めているところである。

自然と動物を熱愛している。

grudoaaameriques.blogspot.fr

イラストレーター紹介

第8条

マリー・シリ
Maly Siri

1985年に、フランスで生まれる。数年前から、カナダ在住。さりげなくフェミニズム的な見方をさせるピンナップデザインが専門である。彼女が描く女性は、消極的で受け身的な姿からはほど遠く、自信と魅力に満ちあふれている。ソレイユ出版から刊行された最新作『マリー・シリのピンナップアート』は、前後のどちらからでも読むことができるようにつくられた本である（「よい女の子たち」と「悪い女の子たち」が比較されている）。この本で描かれているユーモラスではつらつとしたイラストと、魅惑的で陰のあるイラストは、1930年代から60年代の映画を思わせる。

第9条

マイリス・ヴァラッド
Maïlys Vallade

1985年10月8日に、パリ郊外のシャトネ=マラブリーで生まれる。かなり早い時期から、グラフィックアートと本に進路を見いだしていた。
応用美術学校、高等グラフィックアート学校、パリのアニメ映画専門学校ゴブランの、3つの課程で学んだ。ゴブランでは、仲間たちと一緒に、『ガルーダ』と『灯台守』という短編アニメ映画をつくり、2作とも賞を受けている。『灯台守』は、2010年のアヌシー国際アニメーション映画祭の学生部門で、グランプリにあたるクリスタル賞を受賞した。また、彼女がひとりで制作した『隠者』という作品にも、賞があたえられている。
アニメ映画を中心に仕事をしており、『リトルプリンス　星の王子さまと私』『世界のてっぺん』『ひとりの男が死んだ』『カブールの燕たち』などの長編映画ではおもにストーリーボードアーティストとして活躍しているが、『エルネストとセレスティーヌ』『世界の天辺』『たそがれ』『シレックス・アンド・ザ・シティ』ではアニメーターとして、『カブールの燕たち』『アダマ、息吹の世界』『ラスカル映画版』ではビジュアルデベロップメントアーティストと背景デザイナーとしてもかかわっている。このほかに、デッサンやアニメ本の短編映画のプロジェクトも進行中である。
また、グラフィティや、ありとあらゆるツールと素材を使った本の制作もはじめたほか、多くの場合チャリティーを目的としたイラストレーションのグループプロジェクトにも参加している。

mailysvallade.blogspot.fr

イラストレーター紹介

第10条

ワシム・ブタルブ・J
Wassim Boutaleb J.

1985年にモロッコで生まれ、パリで育つ。パリのアニメ映画専門学校ゴブランのアニメ映画監督科を2008年6月に卒業し、監督の道を進んだ。自分自身の物語をつくりたいという思いから、イラストレーションとバンド・デシネにも目を向けるようになる。雑誌「チョー」と「アストラピ」の仕事をしており、小説『読書大好き』の挿絵も担当している。『ラ・ティム』は、彼が描いた最初のバンド・デシネである。

第11条

マルク・リザノ
Marc Lizano

1970年に、ヴァンヌで生まれる。雑誌、児童書、バンド・デシネに対して、同じくらいの喜びをもって仕事をしている。『三十棺桶島』が大ヒットしたあと、『隠れていた子ども』を出版し（6ヵ国語に翻訳され、23の賞を受賞した）、2015年に『小さな家族』の完全版を出した。その後も、『マルスラン・コメット』（エロディー・シャンタとの共著）、ピエール・ジャケ・エリアスの『誇りの馬』の翻案（ベルトラン・ガリックとの共著）、C・O・プラッセンの『父と息子』をもとにした『父と息子の新しい物語』（ウルフ・Kとの

共著）、『モロー寄宿学校』（ブノワ・ブロイヤールとの共著）、『アルセーヌ・ルパン』（ジョエル・ルギャールとの共著）を出版している。時々、パリ植物園内の動物園に、17時までカンガルーを描きに行くことがある。

marc-lizano.weebly.com

キャロル・トレボー
Carole Trébor

フランスの作家で児童文学作家。歴史家やドキュメンタリー映画監督としての作品もある。『ニナ・ヴォルコヴィッチ』シリーズ（全4巻、ガルフストリーム社）が大ヒットしたあと、2015年新学年の文学イベントにナタン＝シロス社とともに参加した。その後、ラジェオ社から『スヴェトラナ』を出版している。

minisites-charte.fr/sites/carole-trebor
fr.wikipedia.org/wiki/Carole_Trébor

イラストレーター紹介

第12条

セバスチャン・プロン
Sébastien Pelon

パリで暮らし、仕事をしている。グラフィックデザイナーで、イラストレーターでもある。デュペレ応用美術学校のグラフィックデザイン・モード・環境芸術科を卒業。ペール・カストール・フラマリオン社のアトリエで数年間働く。現在はフリーの立場で、フラマリオン社、リュ・ド・セーヴル社、ナタン社、マニャール社、ミラン社、オズー社、ラジェオ社、ガリマール社と仕事をしている。絵本、古典作品、シリーズものなど、彼が挿絵を描いた本は多数ある。『マトリョーシカ』『ベファーナ』『ママニ』『ロビン・フッド』『シンドバッド』『インディアンのニトゥ』『湖のブリュヌ』など。

sebastienpelon.com

第13条

ジャッジ
Jazzi

ストラスブールの高等装飾美術学校で学び、クロード・ラポワントのアトリエでイラストレーションを専攻した。ヴィヴェンディ・ユニバーサルのゲーム式教育CD-ROMの背景画の制作に2年間たずさわったあと、子ども向けの雑誌や本のイラストレーターになる。

さまざまな出版社（アシェット社、アティエ社、ナタン社、フリュリュス・プレス、バイヤール社）で、定期的に作品を発表。2009年以降、絵に対する情熱を学生たちとわかちあうべく、パリのバンド・デシネ学校CESANでイラストレーションを教えている。

jazzillus.canalblog.com
jazzi.ultra-book.com

第14条

オーレリアン・プレダル
Aurélien Prédal

1984年に、シュレンヌで生まれる。パリのアニメ映画専門学校ゴブランで、すばらしい教育を受けた。
在学中、ゴブランの仲間たちと共同制作した3D短編映画『バーニング・サファリ』が、2006年のアヌシー国際アニメーション映画祭で上映される。現在はフリーの立場で、オニクス・フィルム、ドリームワークス、ライカ、ニコロデオン、ソニー・アニメーション、アードマンから、定期的に仕事を請け負っている。

aurelien-predal.blogspot.fr

イラストレータ 紹介

第15条

オード・マッソ
Aude Massot

1983年に、レ・リラで生まれる。2006年にブリュッセルのサン＝リュック美術学校のバンド・デシネ科を卒業し、アニメーションのストーリーボードアーティストとしてキャリアを開始する。2009年にレ・ザンファン・ルージュ社から、ファビアン・ベルトランと共同制作した最初の絵本『焼かれた肌の年代記』が出る。その後も、2冊の本が出版された。2011年から1年間、カナダのモントリオールで生活した。そこでふたりのシナリオライター、エドゥアール・ブレ＝ジルベールとポーリーヌ・バルダンに出会い、『ケベック・ランド』の挿絵を担当する。2013年5月からは電子版の作品にも挑戦するようになり、油彩画でも見事な成功を収めた。その後、サルバカーヌ社から出版された書籍も大ヒットしている。

第16条

クネス
Kness

夢中になれるがあまり実用的ではないことをいくつか学んだあと、ポニーを描くことを職業にすると決めた。そこでイラストレーターになったが、それだけにとどまらない。彼女は料理人でもあり、コーギーの子犬とかわいい赤ん坊も育てており、有機栽培の菜園をつくり、ちょっとした魔法を使うこともできる。このほかに、プロジェクトのチーフとして、もう少しまじめな仕事をしている（そのときは、メガネをかけて、眉間にしわを寄せなければならない）

kness.net

イラストレーター紹介

第17条

ヤスミーヌ・ガトー
Yasmine Gateau

ストラスブールのライン川高等美術学校で学び、舞台美術を専攻した。そのとき、劇団や舞踏団と一緒に活動している。2007年から、児童文学の挿絵を描くようになった。現在は、雑誌、書籍、報道の分野で仕事をしている。彼女のイラストは、フランスや外国の定期刊行物（「ル・モンド」紙、「XXI」誌、「バラエティ」誌）によく登場する。

yasminegateau.com

後文

アンヌ＝リーズ・ブータン
Anne-Lise Boutin

1995年からパリで暮らし、仕事をしている。パリのデュペレ応用美術学校と国立高等装飾美術学校を卒業し、「三面記事」を視覚化する作品をつくりはじめた。現在は雑誌の仕事が多いが、本の表紙も手がけている。オイルパステルや切り絵を使った彼女のイラストは、メキシコの「カラベラ」〔カラフルな骸骨〕、驚異的なもの、奇妙なものから着想を得たものである。

anneliseboutin.blogspot.fr

文献一覧

書籍

アドラー、ロール／ボルマン、シュテファン
『読書をする女性たちは危険だ』、パリ、フラマリオン社、「美術史」叢書、2006年

アベカシス、エリエット／ボングラン、キャロリーヌ『目に見えないコルセット』(2007年)、パリ、ル・リーヴル・ド・ポッシュ社、「文学と記録」叢書、2008年

アラゴン、ルイ 「未来の詩」、『エルザの狂人』(1963年)、パリ、ガリマール社、「詩／ガリマール」叢書、2002年

アリオスト、ルドヴィコ 『狂えるオルランド』(1516年)、パリ、ガリマール社、「フォリオ・クラシック」叢書、2003年

アンリ、ナターシャ 『重荷となる男たち、あるいはみだらな父権主義』、パリ、ロベール・ラフォン社、2003年

ウルストンクラフト、メアリ 『女性の権利の擁護』(1792年)、パリ、バイヨ社、「プティット・ビブリオテーク・バイヨ」叢書、2005年

ウルフ、ヴァージニア 『自分だけの部屋』(1929年)、パリ、10/18社、「ビブリオテーク」叢書、2001年

ウルフ、ナオミ 『美の陰謀、女たちの見えない敵』(1990年)、パリ、フィルスト社、1991年

エリチエ、フランソワーズ 『男性的なもの／女性的なものII、序列を解体する』、パリ、オディール・ジャコブ社、2008年

エンゲルス、フリードリヒ 『家族・私有財産・国家の起源』(カール・マルクスの覚書をもとにした本、1884年)、ブリュッセル、トリボー社、「マニフェスト」叢書、2012年

オータン、クレマンティーヌ 『平等の分身、フェミニズムへの招待』、パリ、ロベール・ラフォン社、2001年

オクレール、マルセル 『恋、遺書と格言』、パリ、アシェット社、1963年

オルデンブール、ゾエ 『礎石』(1953年)、パリ、ガリマール社、「フォリオ」叢書、1972年

オンフレ、ミシェル 『無神学論』、パリ、グラッセ社、2005年

カスク、レイチェル 『アーリントン・パーク』(2006年)、『家庭生活、アーリントン・パーク』、パリ、ボワン社、2007年

カドラ、ヤスミナ 『昼が夜に負うもの』、パリ、ジュリアール社、2008年

ガンディー、マハトマ 『人はみな兄弟である』(1942～56年)、パリ、ガリマール社、「フォリオ・エセー」叢書、1990年

クリステヴァ、ジュリア 『コレット、女性の天才』、ローブ出版、2007年

グルー、ブノワット 『そうなることを願って』(1975年)、パリ、ル・リーヴル・ド・ポッシュ社、「文学と記録」叢書、1977年／『フェミニズムの歴史』(1977年)、パリ、ル・リーヴル・ド・ポッシュ社、「文学と記録」叢書、2011年／『現実逃避の歴史』、パリ、グラッセ社、1997年

グルネー、マリー・ド 『男女平等』(1622年)、『婦人たちの不満』併録、パリ、アルレア社、2008年

コーエン、アルベール 『選ばれた女』(1968年)、パリ、ガリマール社、「フォリオ」叢書、1998年

コンドルセ、ニコラ・ド 『公教育に関する5つの報告書』(1791年)、パリ、フラマリオン社、「GF哲学」叢書、1993年

サリヴァン、J・コートニー 『社会に出たばかりの娘たち』(2010年)、パリ、ル・リーヴル・ド・ポッシュ社、「文学と記録」叢書、2013年

サン＝ジュスト、ルイ・アントワーヌ・ド 『革命とフランス憲法の精神』(1791年)、『全集』所収、パリ、ガリマール社、「フォリオ」叢書、2004年

サンド、ジョルジュ 「テムプ神父への手紙」(リヨン、1837年2月28日)、『書簡集、第3巻、1835年7月～1837年4月』所収、パリ、クラシック・ガルニエ社、2013年／「マルシーへの6通目の手紙」(ル・モンド)

紙、1837年3月27日)、『マルシーへの手紙』所収、ペルピニャン、パレ・オ社、2014年

シェイクスピア、ウィリアム 『お気に召すまま』(1599年)、パリ、ガリマール社、「フォリオ・テアトル」叢書、2014年

ジャヴァン、シャードルト 『ヴェールを捨てよ』、パリ、ガリマール社、2003年

ショレ、モナ 『致命的な美女、女性らしさを放棄する新しい人びとの姿』、パリ、ラ・デクヴェルト社、「ゾーヌ」叢書、2012年

ジルー、フランソワーズ 『もし私がうそをついたら』、パリ、ストック社、1972年

スタンダール 『ローマ、ナポリ、フィレンツェ』(1817年)、パリ、ガリマール社、「フォリオ・クラシック」叢書、1987年

デイヴィス、アンジェラ 『監獄は時代遅れか』、ヴォヴェール、オ・ディアーブル・ヴォヴェール社、2014年

ティナイエール、マルセル 『試練の前夜』(1915年)、パリ、エディシオン・デ・ファム、2015年

デナード、C・キャロライン 『トニ・モリスン、対話』、ジャクソン、ミシシッピ大学出版、2008年

デパント、ヴィルジニー 『キング・コング理論』(2006年)、パリ、ル・リーヴル・ド・ポッシュ社、「文学と記録」叢書、2007年

ドーキンス、リチャード 『神は妄想である』(2006年)、パリ、ロベール・ラフォン社、2008年

トリスタン、フロラ 『ある女パリアの遍歴』(1833～34年)、パリ、アシェット・リーヴル・BNF出版、「社会科学」叢書、2016年

ナスリン、タスリマ 『女性たちよ、自分の存在を示せ』(1989年と90年の作品集)、パリ、エディシオン・デ・ファム、1994年

バール、クリスティーヌ 『ズボンの政治史』、パリ、スイユ社、2010年

バダンテール、エリザベート 『母様、女性と母』(2010年)、パリ、ル・リーヴル・ド・ポッシュ社、「文学と記録」叢書、2011年

バトラー、ジュディス 『ジェンダー・トラブル、フェミニズムとアイデンティティの攪乱』（1990年）、パリ、ラ・デクヴェルト社、「ポッシュ」叢書、2006年

フーリエ、シャルル 『愛の自由に向かって』（1817〜19年）、パリ、ガリマール社、「フォリオ・エセー」叢書、1993年

フラー、マーガレット 『アメリカの女性たち』（1843年）、パリ、リュ・ドゥルム社、2011年

ブルム、レオン 『結婚について』（1907年）、『レオン・ブルム全集』所収、パリ、アルバン・ミシェル社、1962年

フレス、ジュヌヴィエーヴ 『フェミニズムの構造、文章と対談』、リヨン、ル・パサジェ・クランデスタン社、「エセー」叢書、2012年

ペルティエ、マドレーヌ 『女性の性の解放』（1911年）、パリ、アシェット・リーヴル・BNF出版、「社会科学」叢書、2016年

ペロー、ミシェル 『女性たち、あるいは歴史の沈黙』（1998年）、パリ、フラマリオン社、「歴史分野」叢書、2012年

ベンハビブ、ジェミラ 『西ヨーロッパを襲撃するアッラーの兵士たち』、モントリオール、VLB出版、2011年

ボーヴォワール、シモーヌ・ド 『第二の性』（1949年）、パリ、ガリマール社、「フォリオ・エセー」叢書、1986年、2巻

ミシェル、ルイーズ 『本人が記したルイーズ・ミシェル回想録』（1886年）、パリ、アシェット・リーヴル・BNF出版、2012年

ミル、ジョン・スチュアート 『女性の服従』（1869年）、パリ、パイヨ社、「プティット・ビブリオテーク・パイヨ」叢書、2016年

モリスン、トニ 『慈悲』、パリ、クリスチャン・ブルゴワ社、2009年

モンテスキュー 『ペルシア人の手紙』（1721年）、パリ、ル・リーヴル・ド・ポッシュ社、「古典」叢書、2006年

ユゴー、ヴィクトル 「ルイーズ・ジュリアンの墓について、サン゠ジャン墓地での演説」（ジャージー島、1853年7月26日）、『亡命中の言行録』（1875年）、パリ、トレディシオ

ン社、2012年／『見聞録』（1860年）、パリ、ル・リーヴル・ド・ポッシュ社、「古典文庫」叢書、2013年／「レオン・リシェへの手紙」（1872年6月8日）、『政治文書』、フランク・ローランが編纂して注釈をつけた選集、パリ、ル・リーヴル・ド・ポッシュ社、2001年

ランボー、アルチュール ポール・ドメニーへの手紙（シャルルヴィル、1871年5月15日）、『全集』所収、パリ、フラマリオン社、「GF」叢書、2016年

リシェ、レオン 『自由な女性』、E・ダンチュ社、1877年

ルクレール、アニー 『女性の言葉』（1974年）、アルル、アクト・シュッド社、「バベル」叢書、2001年

記事・演説

アルジェリアとイランの非宗教的フェミニスト・グループ 『われらの友人であるフェミニストたちへの公開状』、2009年

ウィットン、シャーロット 「カナダ・マンス」誌にて、1963年6月

ヴェイユ、シモーヌ 中絶に関する法改正の理由表明（国民議会、1974年11月26日）、『男性たちもそのことを覚えている』再録、パリ、ストック社、2004年

オークレール、ユベルティーヌ 第3回社会主義労働者会議での演説 マルセイユ、1879年10月22日、オルターナティヴ・リバタリアンのサイト[alternativelibertaire.org]を参照

クリントン、ヒラリー 第4回国連世界女性会議での演説、北京、1995年9月5日／国立建築博物館での演説、ワシントン、2008年6月7日

ゴールドマン、エマ 「母なる地球」誌（No.1、1906年3月）に掲載された講演、『女性解放の悲劇』（1906年）再録、パリ、シロス社、1980年

コロンタイ、アレクサンドラ 「売春問題」、「社会主義闘争」誌、1909年

ショーモン、ルイーズ・ド 「ペチコートのラ・マルセイエーズ」、「女性たちの共和国、ペチコートの新聞」No.1に掲載された歌、

1848年6月
「女性のリップ」、「レ・ペトロルーズ」No.0、1974年、急進左派の歴史の断章、急進左派と／または議院外のアーカイヴと原資料のサイト[archivesautonomies.org]を参照

ジョング、エリカ 「ソフィー・ランヌとの対談」、1978年7〜8月

ダヴィッド゠ネール、アレクサンドラ 「女性と社会問題」、「ラ・フロンド」紙、1902年5月28日

デュラン、マルグリット 『女性の投票に関する講演の覚書』（日付なし、1927年）、マルグリット・デュラン図書館にある原稿、パリ

トゥーレーヌ、マリソル プレスリリース、女性に対する暴力撤廃の国際デー、2015年11月25日

ドレーム、マリア 「女性たちが求めていること」、「女性の権利」No.1（1869年4月10日）、『女性たちが求めていること、1869年から94年までの記事と演説』再録、パリ、シロス社、1980年

「なぜ私が女性解放運動をしているのか」、「ル・トルション・ブリュール」No.0、「リディオ・リベルテ」No.1の別丁として出版されたもの、1970年12月

パンクハースト、エメリン 「人間開発報告書」、国連開発計画（UNDP）、2013年

ペイヨン、ヴァンサン／ヴァロー゠ベルカセム、ナジャット 「学校で、女子と男子がより平等になるために」、「ル・モンド」紙、2012年9月25日

ルーセル、ネリー 父子関係の調査を求めるためのデモが行われたときの演説、1910年2月9日

ルーディ、イヴェット 「懐柔されたパリテ」、「ル・モンド」紙、2004年9月5日

ロワゾ、ジャンヌ、通称ダニエル・ルシュー 「女性の進歩、その経済的成果」、万国博覧会で通商産業国際会議が開かれたときの演説、1900年

謝辞

シェーヌ出版社は、本書に協力してくれたすべてのイラストレーターに、心からの感謝を捧げる。彼らの寛大さ、才能、情熱によって、このすばらしい作品が誕生した。

【訳者紹介】

遠藤ゆかり（えんどう　ゆかり）

上智大学文学部フランス文学科卒。訳書に「知の再発見双書」シリーズ、『シュルレアリスム辞典』『世界図書館遺産』（いずれも創元社）、『フランスの歴史［近現代史］』（明石書店）などがある。

Déclaration des droits des femmes illustrée
Editor-in-Chief Gérald Guerlais
©2017, Hachette Livre – Editions du Chêne. All rights reserved.
Japanese translation rights arranged with Hachette Livre, Paris
through Tuttle-Mori Agency, Inc., Tokyo

ビジュアル版 女性の権利宣言

2018年8月20日第1版第1刷　発行

編　者	シェーヌ出版社
訳　者	遠藤ゆかり
発行者	矢部敬一
発行所	株式会社 創元社

http://www.sogensha.co.jp/
本社　〒541-0047 大阪市中央区淡路町4-3-6
Tel.06-6231-9010　Fax.06-6233-3111
東京支店　〒101-0051　東京都千代田区神田神保町1-2 田辺ビル
電話03-6811-0662

装丁・組版	寺村隆史
印刷所	図書印刷株式会社

© 2018, Printed in Japan　　ISBN978-4-422-32026-7 C0036

〔検印廃止〕
落丁・乱丁のときはお取り替えいたします。定価はカバーに表示してあります。

JCOPY 〈出版者著作権管理機構 委託出版物〉
本書の無断複写は著作権法上での例外を除き禁じられています。複写される場合は、そのつど事前に、出版者著作権管理機構（電話03-3513-6969、FAX03-3513-6979、e-mail: info@jcopy.or.jp）の許諾を得てください。